**王建舜**，山西大同大学云冈学学院名誉院长，山西大同大学特聘教授，研究方向为云冈石窟艺术美学和北魏历史文化。出版学术专著《云冈石窟艺术论》(全三册)、《北魏文化经典》(全三册)和《世界文化遗产丛书：云冈石窟》。发表学术论文《云冈石窟的文化品质与审美特点》《赵树理小说的美学风格》《公安文化软实力的价值和意义》等30余篇和文学作品《金盾赋》《江苏警院赋》等，以及史诗歌曲《我的呼伦贝尔》。有多部作品获得省部表彰。

北魏文化经典
BEIWEI WENHUA JINGDIAN

王建舜 / 著

# 北魏佛寺

图书在版编目(CIP)数据

北魏佛寺 / 王建舜著 .-- 太原：山西经济出版社，2024.3
（北魏文化经典）
ISBN 978-7-5577-1073-6

Ⅰ.①北… Ⅱ.①王… Ⅲ.①佛教—寺庙—介绍—中国—北魏 Ⅳ.①B947.2

中国版本图书馆CIP数据核字(2022)第219189号

### 北魏佛寺

| 著　　者：王建舜 |
| 出 版 人：张宝东 |
| 责任编辑：解荣慧　赵　娜 |
| 内文设计：赵　娜 |
| 封面设计：阎宏睿 |

| 出 版 者：山西出版传媒集团·山西经济出版社 |
| 地　　址：太原市建设南路21号 |
| 邮　　编：030012 |
| 电　　话：0351-4922133（市场部） |
| 　　　　　0351-4922085（总编室） |
| E-m a i l：scb@sxjjcb.com（市场部） |
| 　　　　　zbs@sxjjcb.com（总编室） |

| 经 销 者：山西出版传媒集团·山西经济出版社 |
| 承 印 者：山西出版传媒集团·山西人民印刷有限责任公司 |
| 开　　本：890mm×1240mm　1/32 |
| 印　　张：11.125 |
| 字　　数：195千字 |
| 版　　次：2024年3月　第1版 |
| 印　　次：2024年3月　第1次印刷 |
| 书　　号：ISBN 978-7-5577-1073-6 |
| 定　　价：68.00元 |

北魏永宁寺佛面（洛阳博物馆藏）

## 目录 CONTENTS

### 导 言

### 北魏佛寺的缘起与流变

一、佛寺的缘起　　　　　　　　　　　　　/ 021

二、佛教衍生了佛寺与佛寺凝显了佛教　　　/ 025

三、寺的含义经历了由人到物的指代转变　　/ 028

### 北魏佛教的沿革与特征

一、北魏王朝继五胡而起灭十六国而兴　　　/ 035

二、北魏是中国佛教发展史上一个重要时期　/ 039

三、北魏历代佛教发展状况　　　　　　　　/ 042

### 北魏佛寺的文献与举偶

一、北魏平城时代的时序与佛寺（73座）　　/ 068

 1.道武帝拓跋珪（5座）

 （386年丙戌—409年己酉，共24年）　　/ 068

 2.明元帝拓跋嗣（2座）

 （409年己酉—423年癸亥，共15年）　　/ 073

3.太武帝拓跋焘（6座）

（424年甲子—452年壬辰，共29年） / 076

4.文成帝拓跋濬（6座）

（452年壬辰—465年乙巳，共14年） / 081

5.献文帝拓跋弘（7座）

（466年丙午—471年辛亥，共6年） / 085

6.孝文帝拓跋宏（47座）

（471年辛亥—499年己卯，共29年） / 089

## 二、北魏洛阳时代的时序与佛寺（226座） / 120

1.孝文帝元宏（9座）

（494年甲戌—499年己卯，共6年） / 120

2.宣武帝元恪（31座）

（500年庚辰—515年乙未，共16年） / 131

3.孝明帝元诩（27座）

（516年丙申—528年戊申，共13年） / 154

4.孝庄帝元子攸（10座）

（528年戊申—530年庚戌，共3年） / 175

5.节闵帝元恭（4座）

（531年辛亥—532年壬子，共2年） / 182

003

6. 孝武帝元脩（145座）

（532年壬子—534年甲寅，共3年） / 185

## 北魏佛寺的现存与撷英

一、北魏平城时代的凡例（2座） / 273

  1. 悬空寺 / 273

  2. 觉山寺 / 286

二、北魏洛阳时代的凡例（2座） / 300

  1. 少林寺 / 300

  2. 香山寺 / 320

## 结　语

一、北魏佛寺是一种建筑 / 338

二、北魏佛寺是一种教育 / 343

三、北魏佛寺是一种文化 / 346

北魏佛寺

导 言

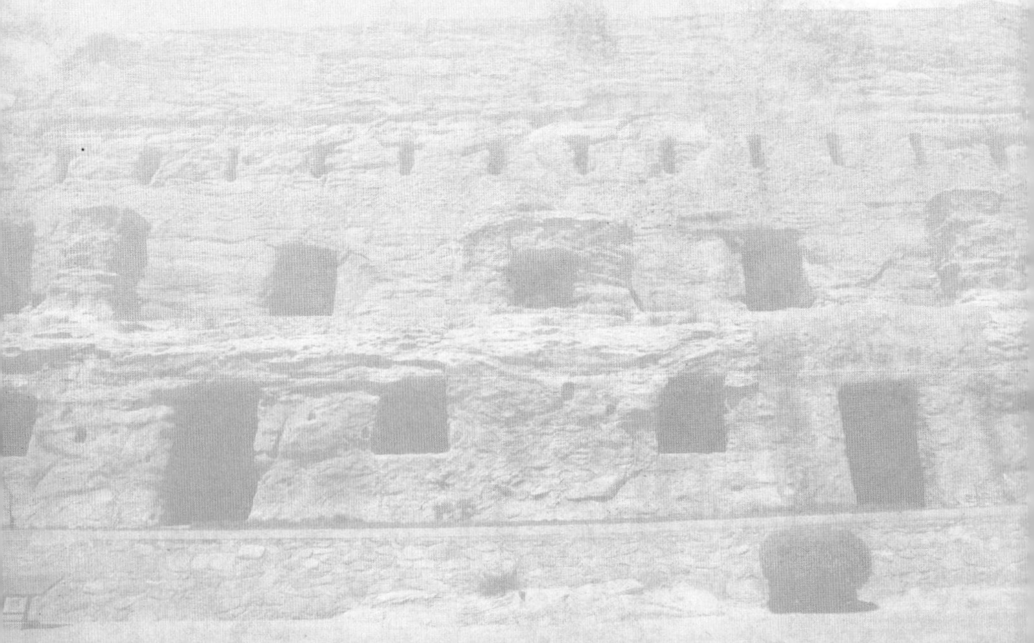

# 导 言

北魏佛寺见证了北魏王朝佛教发展的兴衰过程，呈现了北魏王朝在平城时代和洛阳时代佛寺兴建的基本面貌，也反映了北魏王朝佛教信仰、佛教文化、佛教建筑和佛寺滥觞的历史状况。

**佛寺兴建历代不绝**

佛寺兴建历代不绝是北魏佛寺的第一个突出特点。

北魏王朝从道武帝拓跋珪建国到孝武帝元脩灭国，共150余年，其佛寺的兴建可谓是从始到终，历代不绝。尽管北魏佛寺经历了自然和人为的损毁与破坏，在1600余年之后，我们还是从众多的历史文献和方志碑铭中，收集到299座北魏佛寺的历史存在与现代遗迹。

北魏王朝在平城时代和洛阳时代，在帝王们信佛、尊师、览经、辩道等[①]一系列崇佛亲僧行为的引导与助推下，帝王深信、

---

[①]《魏书》卷七下帝纪第七下《高祖孝文帝》结尾在"史臣曰"的上一段写道：孝文帝"雅好读书，手不释卷。五经之义，览之便讲，学不师受，探其精奥。史传百家，无不该涉。善谈老庄，尤精释义。"可见，孝文帝对佛教经义更为特别的喜爱和精通。又《魏书》卷四十五列传第三十三《韦阆》中言："高祖每与名德沙门谈论往复，缵掌缀录，无所遗漏，颇见知赏。"可知，孝文帝与佛教名望学识皆高的僧人们相聚相晤是一种常态化的生活学习行为。

皇家热衷、政治推动、国策导向、官吏效仿、民间崇信，使得佛教在北魏得到了进一步发展，北魏佛寺也因此走向不断兴建和日臻兴盛的新阶段。

北魏佛寺兴建和兴盛的根由，源于北魏王朝历代帝王们的文化喜好和政权统治的需要。北魏王朝开国皇帝道武帝深信：佛教有利于"助王政之禁律，益仁智之善性，排斥群邪，开演正觉"（《魏书》卷一百一十四志第二十《释老志》）。文成帝在《复法诏书》中直言并阐述其理："夫为帝王者，必祗奉明灵，显彰仁道。其能惠著生民，济益群品者，虽在古昔，犹序其风烈。是以《春秋》嘉崇明之礼，祭典载功施之族。况释迦如来，功济大千，惠流尘境"。而孝文帝则在太和十六年（492）秋七月癸丑的一份诏书中表述其政治和文化功能时曰："文武之道，自古并行，威福之施，必也相藉"（《魏书》卷七下帝纪第七下《高祖孝文帝》）。就是在这样的思想、策略、需要、态度指导下，北魏帝王们尊佛敬僧的意识与行为也有了高度的自觉。《魏书》卷一百一十四志第二十《释老志》记载："太祖平中山，经略燕赵，所迳郡国佛寺，见诸沙门、道士，皆致精敬，禁军旅无有所犯。"史实所彰显的重要意义在于：这既是一道严格的军事命令,又是一种鲜明的宗教态度,其所表达的信佛尊佛情怀具有非常鲜明的政令国策导向,对北魏的社会宗教发展,对皇家和官吏以及庶民百姓的信仰心理与思想行为都产生了重大而积极的奠基性影响。

在战乱纷争和九死一生的淬炼与艰难岁月中,道武帝拓跋珪的日常行为不仅仅集中于军事打仗和攻城略地,还在意识形态与文化学习上,表现出一种博大雅尚的秉性与爱好:"帝好黄老,颇览佛经"。并且于"天兴元年(398),下诏曰:'其敕有司,于京城建饰容范,修整宫舍,令信向之徒,有所居止'。是岁,始作五级浮屠、耆阇崛山及须弥山殿,加以缋饰。别构讲堂、禅堂及沙门座,莫不严具焉"(《魏书》卷一百一十四志第二十《释老志》)。

对待当时的僧人,譬如"沙门僧朗……帝遣使致书,以缯、素、旃罽、银钵为礼"(《魏书》卷一百一十四志第二十《释老志》)。唐释道宣《广弘明集》卷第二十八则详记为:"北代魏天子拓跋珪书皇帝敬问太山朗和上,承沙圣灵。要须经略,已命元戎。上人德同海岳,神算遐长。冀助威谋,克宁荒服。今遣使者,送素二十端,白毡五十领,银钵二枚。到愿纳受。"于此可见，道武帝拓跋珪对佛教和僧人真实的敬意与态度。

道武帝拓跋珪对待佛教的真诚态度，赢得了佛教界的广泛赞誉和隆重推崇。"法果每言，太祖明睿好道，即是当今如来，沙门宜应尽礼，遂常致拜"（《魏书》卷一百一十四志第二十《释老志》）。帝王与佛僧、政权与教权的良性互动，开启了北魏王朝政权统治和佛教发展的良好新局，也为佛寺兴建的历代不绝奠定了坚实的政治基础，指明了政策导向，出现了诸如文成、孝文、宣武、孝明、孝武诸帝时期佛寺兴建的繁盛局面。

北魏王朝的平城时代，从历史文献和方志碑铭中可以收集到的佛寺遗迹看，道武、明元、太武、文成、献文、孝文六帝，其间所兴建之佛寺，文献记有：太和元年（477）三月，孝文帝"又于方山太祖营垒之处，建思远寺。自兴光（454—455）至此，京城内寺新旧且百所，僧尼二千余人。四方诸寺六千四百七十八，僧尼七万七千二百五十八人"（《魏书》卷一百一十四志第二十《释老志》）。由北魏平城时代历代佛寺的数量和规模以及僧尼的数目，可见其兴建与兴盛之实况矣。

在北魏王朝迁都后的洛阳时代，从高祖孝文帝元宏，到世宗宣武帝元恪和肃宗孝明帝元诩，佛教信仰日盛，帝王们也具有更丰富的学识储备、佛学修养和论经热情,也乐于挤出更多时间与大德高僧们辩论经道,甚至像孝文帝"高祖曾集沙门讲佛经,因命宣论难,甚有理诣,高祖称善"(《魏书》卷四十五列传第三十三《裴骏》)。唐释道宣《广弘明集》卷第二十四写有:孝文帝拓跋宏"帝听诸法师一月三入殿诏……其敕殿中听,一月三入,人数法讳,别当牒付……帝令诸州众僧安居讲说诏……可敕诸州令此夏安居清众。大州三百人,中州二百人,小州一百人,任其数处讲说"。可见,北魏帝王对佛教的热衷、对讲论的重视和对法师的敬意。

《魏书》卷一百一十四志第二十《释老志》记曰:"世宗笃好佛理,每年常于禁中,亲讲经论,广集名僧,标明义旨。沙门条录,为《内起居》焉。上既崇之,下弥企尚。至延昌中,天下州郡僧尼寺,积有一万三千七百二十七所,徒侣逾众。"至元魏末期,"略而计之,僧尼大众二百万矣,其寺三万有余"(《魏书》卷一百一十四志第二十《释老志》)。光是都城洛阳,其佛寺数目,杨衒之《洛阳伽蓝记·后记》中记言:"京师东西二十里,南北十五里,户十万九千余……寺有一千三百六十七所。天平元年(534),迁都邺城,洛阳余寺四百二十一所。"

而现今，千岁过，北魏平城时代可知其遗迹尚存者73座。北魏洛阳时代可知其遗迹尚存者226座，其数亦众矣。

在本书可查所表的299座北魏佛寺外，一定有许多北魏佛寺的遗存和遗文。据目前初步所知，仅在北魏都城平城南约180公里的现山西原平地区就有贾庄的洪福寺、北怀化的慈圣院、大常的嘉庆院、白彪的慈云寺、中苏鲁的崇福寺、王就的正果寺、阳武的浮屠寺、永兴村的正觉寺、同川的普济寺、白石的福田寺、下申村的大觉寺、都庄的华严寺、白鹤山的显泽灵寺、苏龙口的殊象寺、王家庄的钟楼寺等。

**民众信佛热衷**

"上行下效"是一个成语，也可以用于反映时尚风行和民风俗事的文化现象。它所表达的是民众所具有的热衷趋物与追逐时尚的一种普遍心理和大众行为，与上层社会和权贵人物的推崇与喜好密不可分。远在《礼记·缁衣》中就有"子曰：下之事上也，不从其所令，从其所行。上好是物，下必有甚者矣。故上之所好恶，不可不慎也，是民之表也"的概括和表述，而《孟子·滕文公章句上》则将其更精辟地概括为"上有所好，下必甚焉"。东汉班固在《白虎通·三教》中又直接提炼和表述为：" 教者效也，上为之，下效之。"后有"上行下效"的成语，被世人广为所知所用。

北魏佛教、北魏文化和北魏佛寺的滥觞，即是与北魏帝王、贵胄、权臣的心向往之、热衷推崇和大力倡导有内在的有机联系，甚至内含着一种十分明显的因与果的逻辑关系。

北魏帝王们在繁忙和艰辛的政务活动中，仍在心有初衷和不惜破费地兴建一座一座佛寺，以强化政权的需要和政治的统治，以满足与寄托他们的兴趣、祈愿和梦想。在经历了北魏第三位皇帝太武帝拓跋焘毁经废寺"坑沙门，毁诸佛像"的"太武灭佛"后，一座座北魏佛寺又在山野城郭、林边河旁矗立而起，成为凝聚佛教教育和彰显佛教信仰的文化标志。

"太武灭佛"后平城佛寺大力兴建，文成帝不仅以皇家信仰的性质和国家工程的实力开凿了云冈石窟，而且兴建了影响甚大的"五级大寺"等。尤其是在孝文帝实施了一系列"汉化改制"以后，佛寺的兴建更是像雨后春笋，遍布于北魏疆域的广阔地区，仅孝文帝在平城时佛寺就兴建有48座之多。而迁都洛阳初期，孝文帝又建了文献可查的8座规模颇大、影响深远的佛寺。孝文帝的父亲献文帝拓跋弘天安元年（466）"于时起永宁寺，构七级浮屠，高三百余尺，基架博敞，为天下第一。又于天宫寺，造释迦立像，高四十三尺，用赤金十万斤，黄金六百斤。皇兴（467—471）中，又构三级石佛图，榱栋楣楹，上下重结，大小皆石，高十丈，镇固巧密，为京华壮观"（《魏书》卷一百一十四志第二十《释老志》）。北魏平城时期建造佛寺规模大、费财多、人力众！

自法果将道武帝拓跋珪比作"当今如来"，倡言："能鸿道者人主也，我非拜天子，乃是礼佛耳。"《释老志》记曰："初，法果每言，太祖明睿好道，即是当今如来，沙门宜应尽礼，遂常致拜。谓人曰：'能鸿道者人主也，我非拜天子，乃是礼佛耳。'"北魏皇帝的信佛行为和兴建佛寺，既是对佛教革新精神和内在渴望的具体回应，也是政治统治和政权巩固的具体措施，其持续互动和发力，就成为一种引导官吏和大众的源头动因。生活在魏晋南北朝战乱时期的平民百姓，把"彼岸圆满""来世幸福"作为一种安慰结构与心灵念想，"仰望茫茫的苍天，希望在那里找到救星"①。而在北魏洛阳时代，"舍宅为寺""捐钱施

---

① 斯大林：《悼列宁》，载《斯大林全集（第6卷）》，人民出版社，1956，第43页。

物""出力建寺",就成为北魏官吏民众佛教信仰和佛寺兴建的热衷表现。

杨衒之在《洛阳伽蓝记·序》中写道:"逮皇魏受图,广宅嵩洛,笃信弥繁,法教逾盛。王侯贵臣,弃象马如脱屣,庶士豪家,舍资财若遗迹。于是昭提栉比,宝塔骈罗,争写天上之姿,竞摹山中之影。金刹与灵台比高,广殿共阿房等壮,岂直木衣绨绣,土被朱紫而已哉!"这是一段有记写、有描写、有抒情,具有地理学、历史学、建筑学、文学性质的文字。让人们惊叹的是,整个大地竟然是为佛寺的红色和紫色所覆盖,土地也好像到处都是佛寺的颜色和形态。在《洛阳伽蓝记》卷一《城内》的永宁寺追述中记写:"中有九层浮屠一所,架木为之,举高九十丈。上有金刹,复高十丈,合去地一千尺。去京师百里,已遥见之……绣柱金铺,骇人心目。至于高风永夜,宝铎和鸣,铿锵之声,闻及十余里。"面对"绣柱金铺,骇人心目"的寺宇,就连来自南印度、通彻大乘佛法、中国化佛教禅宗的创始人菩提达摩都称赞说:"极佛境界,亦未有此"。

**佛寺兴建投入**

北魏时代"三部杰作"(或"三部奇书")之一的《洛阳伽

蓝记》，真实地记录和描写了北魏王朝迁都洛阳后，其历代佛寺兴废的状况。

孝文帝元宏迁都洛阳前，洛阳迄东汉明帝永平十一年（68）至晋怀帝永嘉年间（307—312），建存佛寺有42座（《洛阳伽蓝记·序》言："至于晋室永嘉，唯有寺四十二所"）。而洛阳成为北魏王朝的新都后，孝文帝元宏及其后继者们，一如先辈们尊佛的信仰、传统、态度和政策。

《四库全书总目提要》卷七十《地理类·古籍之属》记有："魏自太和十七年作都洛阳，一时笃崇佛法，刹庙甲于天下。"

开凿石窟和兴建佛寺是十分费钱、费力、费工的巨大投入，在生产力还十分低下的南北朝时期，这种巨大的投入反过来又反映出其选择的重大和关系的重要。

《魏书》卷一百一十四志第二十《释老志》记载："景明初（500），世宗诏大长秋卿白整准代京灵岩寺石窟，于洛南伊阙山为高祖文昭皇太后营石窟二所。初建之始，窟顶去地三百一十尺。至正始二年（505）中始出斩山二十三丈。至大长秋卿王质，谓斩山太高，费功难就，奏求下移就平，去地一百尺，南北一百四十尺。永平中（508—512），中尹刘腾奏为世宗复造石

窟一，凡为三所。从景明元年（500）至正光四年（523）六月以前，用功八十万二千三百六十六。"

孝明帝元诩时期，北魏佛寺之兴建又达到一个新的高潮。《魏书》卷一百一十四志第二十《释老志》记曰："熙平元年（516），诏遣沙门惠生使西域，采诸经律。正光三年（522）冬，还京师。所得经论一百七十部，行于世。二年春，灵太后令曰：'年常度僧，依限大州应百人者，州郡于前十日解送三百人，其中州二百人，小州一百人。州统、维那与官及精炼简取充数。肃宗熙平中（516—518），于城内太社西，起永宁寺。灵太后亲率百僚，表基立刹。浮屠九层，高四十余丈，其诸费用，不可胜计。景明寺浮屠，亦其亚也。至于官私寺塔，其数甚众。"引文中"其诸费用，不可胜计"，揭示出一个非常重要的信息，即北魏佛寺的兴建，尤其是皇家属性、帝王敕建的寺塔是不计财力、人力、物力的。杨衒之《洛阳伽蓝记》卷一《城内》记述到永宁寺时，因为本是"灵太后胡氏所立也"，其中灵太后说有一句"是以营建过度也"的话，吐露的应该是永宁寺建造的投入和营造都远远超出了预算与预期的内心感受。洛阳时代佛寺的兴建和滥觞，其背后的原因，显然是政权的需要、信仰的热衷和文化的张扬。

"汉魏丛书本"《洛阳伽蓝记》目录，其书正记记有40座佛教寺院，另外其附录记有44座佛寺，共84座佛教寺院，全书五卷，分而叙之。杨衒之在《洛阳伽蓝记》中所记和呈现的顺序是从城内佛寺记写到城外佛寺，然后是先由城东进而写到城南，接着记写城西，再接着记写城北。东南西北，里坊街道，囊括洛阳。用杨衒之在自序言："先以城内为始，次及城外，表列门名，以记远近"，具体为：城内有9座寺院，附记有4座寺院；城东有12座寺院，附记有13座寺院，城南有7座寺院，附记有10座寺院；城西有10座寺院，附记有3座寺院；城北有2座寺院，另附廓外有14座寺院。元魏末，其都城洛阳，已然是"京城表里，凡有一千余寺"。杨衒之显然是择而记之，记载大而有名的佛寺，其曰："寺数最多，不可遍写，今之所录，只大伽蓝。其中小者，取其祥异，世谛俗事，因而出之。"

在每一卷追记或描述所列佛寺中，还涉及其他的佛寺名，虽然作者没有展开详记，但也最大范围地列出洛阳城内的佛寺之实。

就《洛阳伽蓝记》分卷和后记所记述的佛寺状貌，其中多有

"舍宅为寺"的表述，诸如愿会寺是"中书侍郎王翊舍宅所立也"，建阳里灵应寺为"子休遂舍宅为灵应寺"，凝圆寺亦属"舍宅为寺"等，这似乎在《洛阳伽蓝记》中成为一种佛寺类型，或"叙述模式"。它们所表达的是北魏洛阳时代，帝王皇家、大臣贵胄、庶士平民对待佛教信仰的一种热衷态度，也充分说明对于佛寺兴建的个人行为和资财投入之一般状况。

正始寺记在《洛阳伽蓝记》卷二《城东》中，是以宣武帝元恪第二个年号正始为名的佛寺，由百官集资兴建，位于洛阳"东阳门外御道南"叫"敬义里"的地方。关于正始寺的规模、形态和状貌，身为"魏抚军府司马"的杨衒之面对此寺用文学性语言赞美道："檐宇清净，美于丛林；众僧房前，高林对牖；青松绿柽，连枝交映"。该寺宇的兴建，则是由许多达官臣民捐资建构的。《洛阳伽蓝记》在"正始寺"记写了碑文，曰："有石碑一枚，碑上有侍中崔光施钱四十万，陈留侯李崇施钱二十万，自余百官各有差，少者不减五千以下，后人刊之。"

从低级简单的数理计算角度看，若是我们把碑文中的"百官"，姑且粗算作100名官员，再把"少者不减五千以下"，姑且粗算作5000钱财，那么粗略总计就是50万钱。"正始寺，百官等所立也"(《洛阳伽蓝记》卷二《城东》)。统而预计,正始寺的建寺费用,应该用了不少于110万钱。这其中,还没有考虑碑文中"等"义所含的多余的官员和多余的钱财。

一座佛寺的选址和兴建,不仅有官吏和官府的财力投入,而且有被剥削、被奴役的广大劳苦工匠与百姓的劳动付出。《广弘明集》卷第六记有:"阳(杨)炫(衒)之,北平人。元魏末为秘书监。见寺院壮丽,损费金碧,王公相竞,侵渔百姓,乃撰《洛阳伽蓝记》,言不恤众庶也。"

由此可知,一座平常的佛寺或是中等规模的佛寺兴建,就需要超出百万钱的投入。再由此推论,洛阳时代"寺有一千三百六十七所"(《洛阳伽蓝记·后记》);元魏末期,"略而计之,僧尼大众二百万矣,其寺三万有余"(《魏书》卷一百一十四志第二十《释老志》)。两两相乘,洛阳时代兴建佛寺的资金投入是一个怎样的巨大数字。如果再计入平城时代建筑佛寺"京城内寺新旧且百所……四方诸寺六千四百七十八"(《魏书》卷一百一十四志第二十《释老志》)的费用,北魏王朝佛寺兴建费用就会是一个惊人的天文数字。这就是那个遥远时代的政治、信仰、社会、文化和佛寺的一个历史缩影,也是那个时代帝王

皇室、大臣贵胄、平民百姓对佛教和佛寺的理解与付出。

北魏佛寺是一个遥远历史时代的建筑结晶、信仰标志和文化符号，也是北魏王朝留给历史和人类的一份珍贵的文化遗产。它能让我们在向往美好生活的不断前行中，深刻感受中华民族的厚重历史和灿烂文化，走向中华民族伟大复兴的光辉未来。

# 北魏佛寺的缘起与流变

北魏佛寺

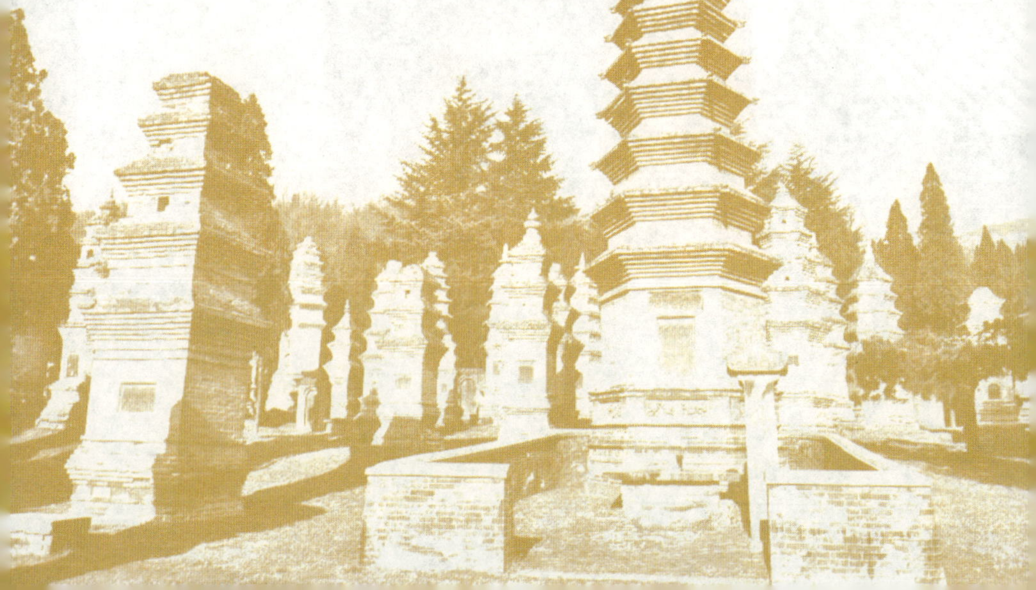

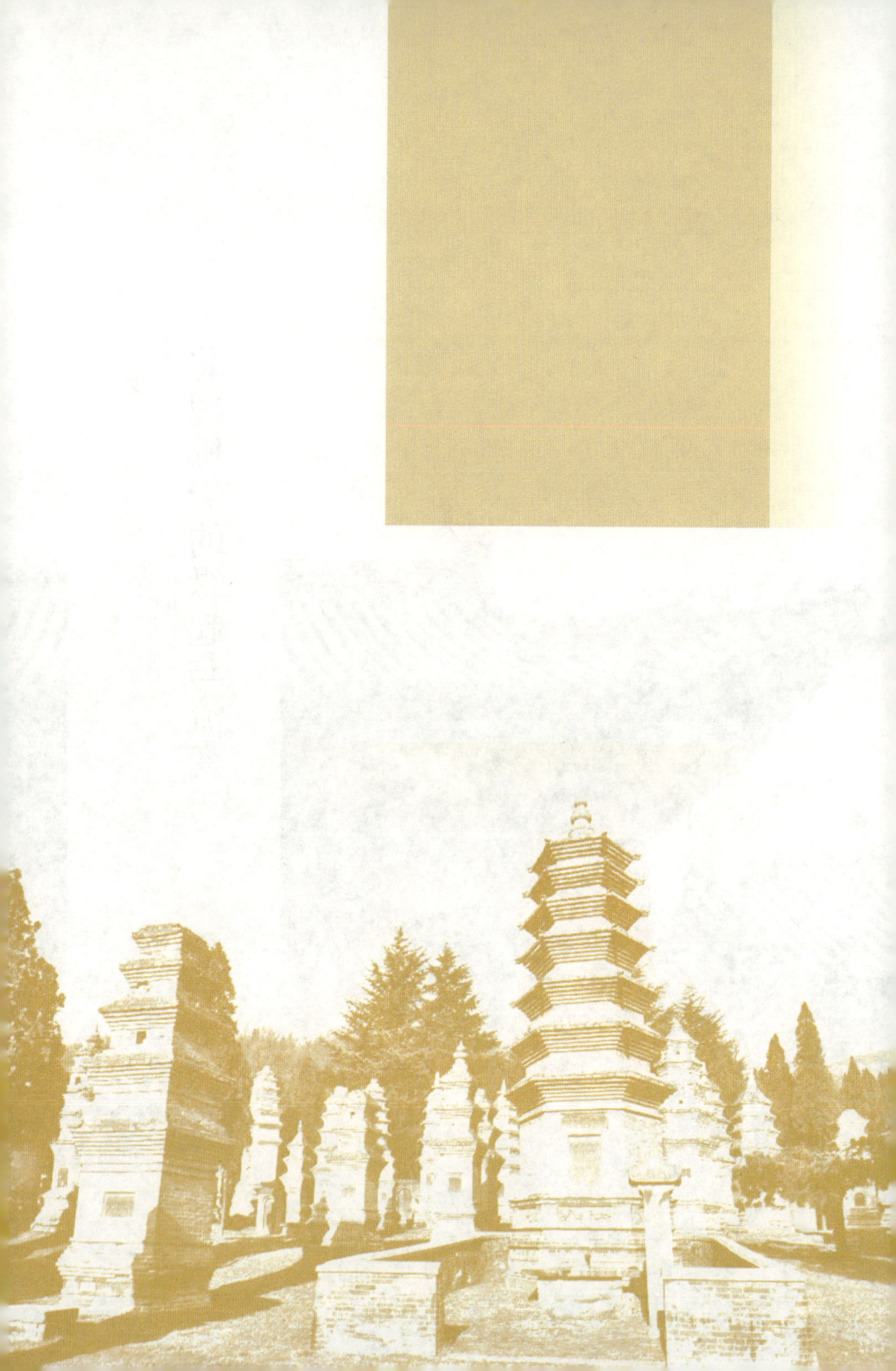

## 一、佛寺的缘起

佛寺是一个独具文化内涵、宗教精神和艺术特征的建筑群落,是佛教的物态形式的集约呈现,也是佛教的重要组成部分,还是佛教教育的主要承载场所,更是佛教历史遗存和佛教文化传承的生动再现。

从事物的存在意义和其真实性、特征性、逻辑性的内涵属性上来说,佛寺是一种文明和文化的符号,是一个精神聚合和信念皈依的场所,也是一个具有安慰结构和心灵抚慰功能的特征性的文化磁场。来有祈愿,去则安心;心生正念,动而修行。

佛寺,一座特征性、精神性和文化性的建筑群落,是佛教教育和佛教礼仪的重要发生地、弘扬地和传承地,是佛教哲学和佛教文化的集中彰显,也是佛教中国化的深刻反映和重要标志,即古代印度佛教理念与中国文化精神、园林建筑艺术与区域民俗观念、民众集体意识与个体信仰愿景、佛寺营造法式诸多元素高度融合渗透的一个有机的、综合的、艺术的结晶体。

众所周知,佛教起源于公元前6世纪的古代印度,是其列国时代迦毗罗卫国太子乔达摩·悉达多在沙门思潮的影响下,经历了六年漫长的探索学习、苦思冥想和刻苦修炼,在菩提迦耶(今印度比哈尔邦伽耶城南10公里）的菩提树下悟道成佛而创立的。随后，其在波罗奈国的鹿野苑（今印度瓦拉纳西北约10公里），首先为五位先前的跟随者和侍奉者讲说他所觉悟到的"四圣谛、八正道"的心得体会、生命认知与智慧思辨，佛教便由此正式成为一种解脱苦难、超越生死、追求永恒、涅槃轮回的思想理论体系和信仰教育体系。在这个特殊而崇高的事件和团队当中，有教者——释迦牟尼（学生对老师的尊称），有受教者——憍陈如等五比丘（也就是最初接受佛陀教育的五位学生），有施教的内容——四圣谛和八正道（佛陀教育的最早教材和理论学说），有传播教育的场地——鹿野苑（师生教与学的具体场地和教育环境）。有了这样几个重要而特殊的要素、条件和表现形式，一个完整的教育模式、思想理论和精神形态便基本构建完成，佛教的佛、法、僧"三宝"相融合一，其宗教形态、宗教要素和宗教组织也即基本建构完成。

从实际的发生发展过程、教体的原生形态和初始所发挥的功能作用来看，佛教源于对人生实相的深刻思考和对断灭苦难的深切探寻，以深度智慧的思辨形成了一个结构完整、逻辑清晰、内涵丰富、目标明确、特色鲜明和多元共融的教育教学体系、思想理论体系和精神文化体系广泛深刻的复合体。其复合的主要性质、内容和特征与结果就是：佛教是一种教育，佛教是一种哲学，佛教是一种文化，佛教是一种宗教。表述的顺序，也是一种要素形成、事物分析和逻辑认知。

从理论和学术的分析来看，佛教最初就是一种教育，就是一种人类希望解脱生死和渡涉苦海的生命观教育，就是一种个体生命追求永恒和精神无烦去苦的生态心态教育。德国存在主义哲学家雅思贝尔斯在其《大哲学家》一书中，就把释迦牟尼、苏格拉底、耶稣和孔子尊称为世界四大思想家与教育家（学术界把这个时期看作是人类文明的重大突破时期，称之为"轴心时代"），显然就是基于其探求真理、聚众授学、传播知识和其所具有的教育教学的根本特征而予以判定的。因为佛教这种教育有着对广阔宇宙、万物自然、纷繁人类社会的现象和本质、肉体和精神、意识和心理、时间和空间、生命和死亡、现世和来生等诸多问题的深度思考，也因为需要有对这种深度理性思考的深刻揭示、全面概括、逻辑辩证、身心体悟和精要表达，佛教便又成为一种充满了深刻思辨色彩的哲学。马克思曾经指出：辩证法在佛教中已经达到很精细的程度。恩格斯在《自然辩证法》中说：佛教徒处在理性思维的高级阶段，人类到了释迦牟尼佛时代，辩证思维才成熟。辩证法最初来源于佛教。

　　佛教教育需要广泛的传播和深入的影响，佛教哲学还需要通俗的表达和指导民众的信仰与接受，这就需要采用不同的行为模式和话语模式，需要人人皆可心有感念的学习、认知和觉悟，佛教也就渐渐成为一种有别于世俗社会的思维方式、行为方式、传承方式和表达方式的独特文化。中国的学者将儒教、道教、佛教并称为中国古代哲学和古典文化的三大主干。随着佛教的不断传播、不断完善、不断被信众接受和不断被人们追随迷恋，佛教亦慢慢成为一种具有神圣不可亵渎和深含顶礼膜拜性质、祈祷冥想许愿和修行礼敬念诵的宗教。现今，在各种词典、辞书和宗教学的著作中，学者们都将广泛存在于世界各地的基督教、伊斯兰教、佛教并称为世界性宗教，或者直接称其为世界三大宗教。

　　如此说来，从一种社会现象的发生发展和事物内在依存关联的角度来分析，从一种内涵义理和表现形式的特征来看，从一种理论认知和阐述阅读的角度来理解，我们就可以简单而清楚、完整而概括地说：佛教就是一种教育，佛教就是一种哲学，佛教就是一种文化，佛教就是一种宗教。

## 二、佛教衍生了佛寺与佛寺凝显了佛教

佛教作为一个庞大而深刻的教育体系、思想体系、文化体系和信仰体系，是需要面对特定的人群进行特定的修行，进行专门的学习而选择和创设特定的场所。环境影响人，无疑是教育的一条隐性规律和施教者的一个基本要求。就佛教而言，有了佛教发展和传播的内在需要，有了信仰者至信和聚诵、礼仪和修持的内心需要，也就有了佛寺独立呈现与综合宣教的内需和衍生、创制和利用、形成和出现。

在佛教的原始或早期阶段，佛教教育和佛教修行是在利用天然的石窟和搭建人工的精舍这样特殊的场所中进行的，其中在古代印度最为著名的有：摩揭陀国的都城王舍城（今印度比哈尔邦那兰达县拉杰吉尔镇）附近"山头有石室，石窟南向，佛坐其中"（东晋法显《佛国记》）；王舍城东南的耆阇崛山"有石窟南向，佛本于此坐禅"（东晋法显《佛国记》）；王舍城北门一里有"竹林精舍"①；还有闻名于世的憍萨罗国王都舍卫城南门外五里（今尼泊

---

① 汉语音译为"迦兰陀竹园"，唐玄奘述、辩机编撰的《大唐西域记》卷九云：是大长者迦兰陀在自己的竹园中建立精舍，请佛居住和讲学。

尔拉布提河左岸沙赫玛赫）的"祇树给孤独园"①；就是在这样别具特色的石窟和精舍中，释迦牟尼带领着他的学生和信众们坚守信仰、坚定修行，佛教的存在和发展衍生出佛寺的最初萌芽与原生形态。《释迦方志》卷下记载："精舍南山大石窟，佛于此入定。"

佛寺是佛教建筑群落与佛教文化艺术大类的一个完整形态，其作为特定的专有名词和专属产物，则是在佛教传入中国的时候。

当时，东汉第二任皇帝明帝刘庄因"感梦求法"，派遣中郎将蔡愔、博士秦景、王遵等十八人前去"西天取经"。当他们行至与天竺毗邻的月氏国时，巧遇印度高僧摄摩腾、竺法兰一行西来东传佛法，"西天取经"之事和"东传佛法"之迹，相向而行、相遇合一，故而他们便以"白马驮经"一起到达东汉首都洛阳。"感梦求法""西天取经"与"东传佛法"和"白马驮经"的重要历史事件及文化流动，构成了一条时空节点清晰、人物事件明确、意义作用深远的文化碰撞和佛寺出现的真实缘由。

东汉永平十一年（68），汉明帝刘庄特意在东汉首都洛阳东郊

---

① 始建于释迦牟尼成佛后第六年，是给孤独长者和祇陀太子共同发心愿建造的。唐玄奘述、辩机编撰的《大唐西域记》载：玄奘取经至此时写道，"都城荒颓""伽蓝数百、圮坏良多"。

建造供僧人们译经、讲经、礼佛、修行和居息的建筑群落，并以当时国家行政专署的权威性专有名词"寺"来相称，赋予了其至高无上的威严和尊荣。为了纪念"感梦求法"和"白马驮经"的重大历史事件，于是便将这一座形式特殊而又意义深远的国家建筑，命名为"白马寺"，使其成为中国古代第一座官办寺院，"佛寺"一词便正式进入中国佛教历史和佛教文化的记载与传承之中，正式进入人们的社会生活和精神文化之中，也正式被人们以专有名称使用、接受和相传。白马寺也因此被称为中国佛教的"祖庭"和"释源"，成为中国古代第一座古刹。佛教一寺和一座佛寺凝聚并显现了佛教的全部义理、发展形态、精神内涵与独特文化。

对于今天的时代和人们，说起"佛寺"，词典和理解上的含义已经非常明确，主要是指佛教的院落和庙宇。对此，人们大多都会有所知、有所悟、有所言，可能会有印象鲜明的直观感受，可能还会有比较深度的欣赏和研究。然而，当我们说起"北魏佛寺"，或许就会有许多人觉得比较专业或陌生，或者也会觉得历史苍茫、模糊不清，可能对此还缺少一个比较整体、比较系统、比较清晰的学术认知。

笔者撰写此书，就是想通过文献、遗存、历史、建筑、文化和审美上的钩沉、研究与阐释，为已经越过千年岁月、曾经矗立于城乡山野、现在依然依稀遗存于世的北魏佛寺做一个历史、文化和审美的较为全面的梳理，让更多的人能够比较系统、比较愉悦、比较完整和比较清晰地了解北魏那个佛教文化高度自觉和佛教艺术极度昌盛的时代，了解和认知独特、厚重、远逝了的北魏佛寺，了解北魏王朝非凡而辉煌的历史、文化和审美，以及其创造的厚重而持久的佛教文化和佛教文明。

## 三、寺的含义经历了由人到物的指代转变

"寺"是一个上下结构的会意字，其字形和字义都有演变。在先秦前的金文和小篆中，"寺"的上部是"之"，下部是"寸"，其字义是以手抓住脚使之无法移动。而在汉代以后的隶书和楷书中，"寺"的上半部分则为"土"，下半部分为"寸"，其字义已演化为寸土寸金的官署。在中国文化和中国人的财富认知与社会心理中，寸土之地即是寸金之属，往往是牢固的不动产和豪富贵者的配享，其中含有财富、金贵、规矩和不容猜疑的意义。在《小雅·北山》"溥天之下，莫非王土；率土之滨，莫非王臣"的吟诵和传承中，每一寸土地都是国君和帝王的，因而在由寸和土组合的"寺"中，

词语演变中又包含着人们只可顺服而不可随意、只可敬畏而不可嬗改的语义。

什么是"寺"？又是从何时开始称谓"佛寺"的呢？

"寺"字最早出现在先秦的文献典籍中，其义皆是"以寺言侍""取亲近侍御之义"，用"寺"代"侍"，有侍候、服侍和听从指使之意。在词语使用中，显然是人的指代，代指国君或诸侯身边承担服侍和服务职责的人。比如《周礼·天官》曰："寺人，掌王之内人，及女宫之戒令。"郑玄注曰："寺之言侍也，取亲近侍御之义。"《诗经·秦风·车邻》中有"未见君子，寺人之令"的诗句。在《诗经·大雅·瞻卬》中也有"匪教匪诲，时维妇寺"的吟唱。而《左传·僖公二年》记载："齐寺人貂始漏师于多鱼。"《穀梁传·襄公二十九年》有"阍，门者也，寺人也。"唐朝孔颖达注疏《左传·隐公七年》之"戎朝于周，发币于公卿"一句时写道："朝于天子，献国之所，亦发陈财币于公卿之府寺……自汉以来，三公所居谓之府，九卿所居谓之寺。"

以上这些所选引的先秦经典文献中的"寺"字，其含义多是指先秦以前宫内供使的小臣，陪侍于王与侯、君与臣的左右，恭听使唤，服侍、服从、服务是其职责和使命，即服侍之人也。

自秦汉以后,则渐渐把专为皇帝办事的管理机构和官员任职出入之所,通称为"寺"。"寺"字的含义和指代发生了转变。

东汉许慎《说文解字》解释为:"寺,廷也,有法度者也。"唐代释慧琳《一切经音义》释曰:"寺,治也,官舍也。"《汉书》卷九《元帝纪第九》记有:"城郭官寺及民室屋。"唐颜师古《汉书注》曰:"凡府庭所在,皆谓之寺。"《汉书》卷七十七《盖诸葛刘郑孙毋将何传第四十七》有"令骑奴还至寺门",唐颜师古《汉书注》曰:"诸官曹之所,通呼为寺。"所以,有些文献就将"府寺"一词连用,既指官署,也泛指府邸。北宋著名隐逸诗人林逋《寄岑迪》诗云:"久辜才术向吾朝,公罪应该洗雪条。佐邑旧曾居府寺,转官新合入京僚。门庭冷落闲中住,僮仆生疏贱价招。别后交游定相忆,酒灯棋雨几清宵。"清顾炎武《京阙篇》诗云:"帝乡秋恼悦,天阙岁峥嵘……山陵东掖近,府寺后湖清"。即使在今天的现代汉语使用中,也偶有人将"府寺"一词合而用之。

于此可见,"寺"字一词的意义所指,已经由古代宫内供使传令的小臣,演变为官员行使治理之责和处理各种事务的办公场所。其含义已经由指人演变为指物,指代发生了质的变化。

秦汉以来,中国古代社会的行政制度日趋成熟,出现了影响深

远的行政体系和官员体系,即"三卿九寺"和"三省六部"。虽然在不同的朝代其名称有所变化和不同,所指也不尽完全相同或各有所差,但其作为一种官职和官员等级的制度与行政体系则较为完整地保留了下来。那么,无论是"三卿九寺",还是"三省六部",这些官职和官员办公的地方,即"官署"的名称则与佛寺之名形成了一种有前有后、后取前名、专名专用的内在联系。这也就是说,寸土之和的"寺"字,在秦汉的官职和官员制度的历史背景下,已经成为官署的专有名称,是一个办事管理的机构。比如,职掌审核刑狱案件的行政部门,就叫作"大理寺";负责接待外宾和处理外交事务的行政官署,就叫作"鸿胪寺",还有诸如太常寺、光禄寺、太仆寺等,可见寺即官署,是行政办公之地。

东汉刘熙《释名》之《释宫室第十七》中,对寺有专门的解释:"寺,嗣也。治事者相嗣续于其内也"。

北宋陈彭年、丘雍之《广韵》有云:"寺,汉西域白马驮经来,初止于鸿胪寺,遂取寺名,创置白马寺。"

由此可知,佛教传入内地中原时,西域来的摄摩腾、竺法兰和东汉使者一起用白马驮着佛经,来到了东汉的首都洛阳。初至京城,本是皇帝汉明帝因"感梦求法"而迎来的佛家"贵宾",所以就把远道而来的西域高僧安顿居住在当时的"外交部"——鸿胪寺。但是时间一久,主人们办公不方便,而客人们专心修佛、念诵、讲辩、做法事也不方便,所以汉明帝敕令便在洛阳西雍门外三里御道北,专门为西域来的高僧兴建了既有佛教理念和教育特性,又有中原建筑和园林特色的修行场所,并取借东汉最高行政机关高贵而庄重的名称作为其专有名称予以冠名,"佛寺"一词出现了。

为了纪念汉明帝"感梦求法"和"白马驮经"的历史事件,也就极为恰当和简明地把佛教传入中国而兴建的第一座佛教教育与僧徒修持的场所,称之为"白马寺"。由此发轫,佛寺滥觞,而成为中国化、本土化、艺术化、符式化的佛教教育、佛教哲学、佛教文化、佛教宗教的集中、凝显而典型的标志与场所。佛寺成为一种专用而独特的冠名模式。

隋唐以后,中央行政制度"三省六部"成为定制,"寺"作为官署之名则越来越少,而逐渐成为中国佛教建筑的专有名词。后世佛教的庙宇也就因此通称为"寺"或"佛寺"。冠名在前,定位在后,×佛寺或×寺,成为佛教文化、佛教艺术和佛教建筑的名称标识与称谓语式。

北魏佛寺

# 北魏佛教的沿革与特征

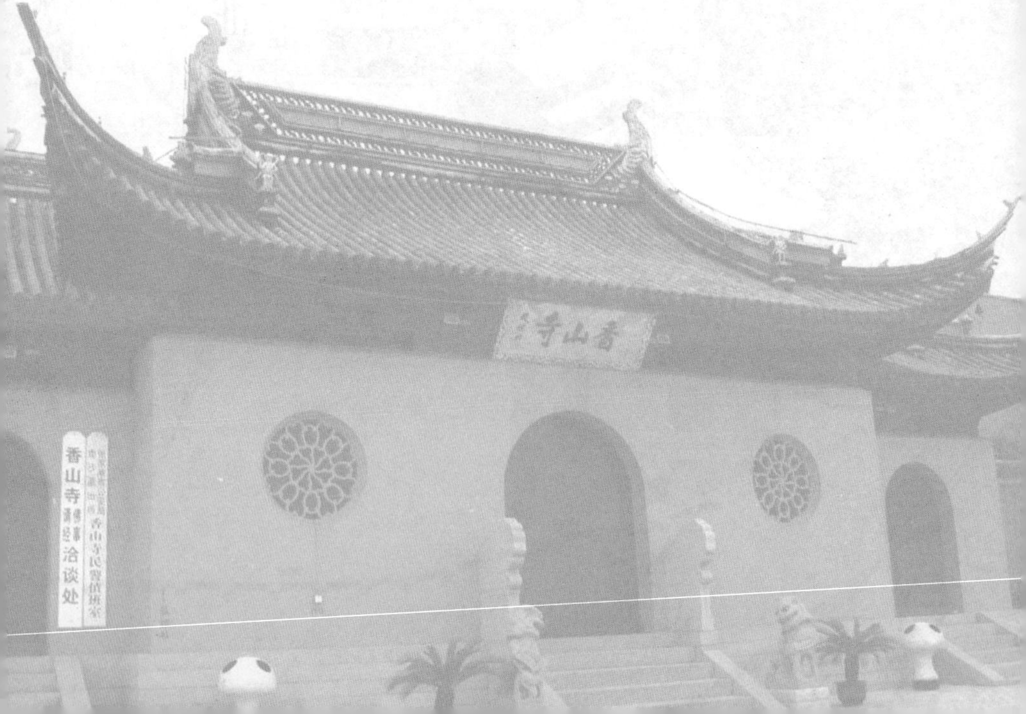
香山寺
香山寺佛事诵经洽谈处
香山寺民警值班室

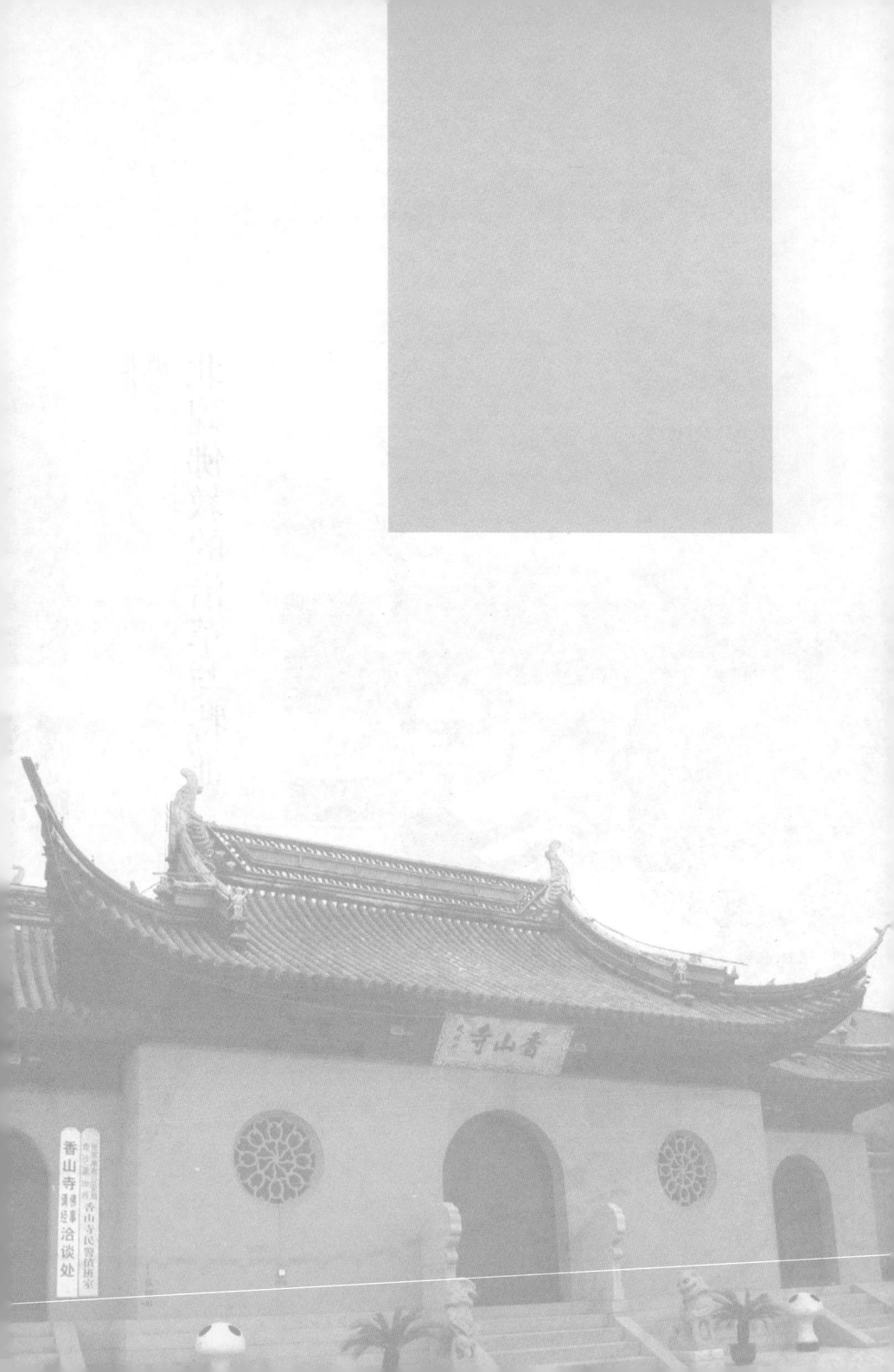

## 一、北魏王朝继五胡而起灭十六国而兴

建立北魏王朝的拓跋鲜卑，或曰鲜卑族、鲜卑人，合之与匈奴、羯、氐、羌共五个非汉族的少数民族在西晋末年，一同逐鹿中原、群雄割据而登上中国历史舞台，并且各逞其力先后建立了十六个长长短短、大大小小、强强弱弱、东东西西、南南北北的国家政权，历史学家们将其称为"十六国"[①]。

公元386年，鲜卑族之拓跋部的首领拓跋珪在盛乐（今内蒙古自治区和林格尔县）代国的基业上建立了北魏王朝，成为中国历史第一个由少数民族建立的正统国家政权，并且由此开启了隋唐大一统、大繁盛前东西融合、南北对峙的北朝的历史。

北魏王朝的第三位皇帝太武帝拓跋焘于公元439年消灭了沮渠氏建立的北凉政权，统一了黄河流域广大地区，结束了自西晋"八

---

[①] 北魏时的史官崔鸿所撰的《十六国春秋》概称其为：五凉、四燕、三秦、二赵、一成和一夏共为十六。具体是指前赵、后赵、前燕、前凉、前秦、后秦、后燕、西秦、后凉、南凉、西凉、北凉、南燕、北燕、胡夏、成汉共十六个统治政权。

王之乱"①后134年的十六国纷争和分裂状态,形成了与南朝刘宋王朝的分治与对峙,开始了北魏、东魏、西魏、北齐、北周与宋、齐、梁、陈分别在北方区域与南方区域的统治,中国历史进入一个相对安定、恢复生产、各治一方的南北朝时期,也因此有了北魏王朝148年的建国历史和发展成就。

北魏王朝先后有过三个都城,即早期的盛乐都城(今内蒙古自治区和林格尔县)、中期的平城都城(今山西省大同市)、晚期的洛阳都城(今河南省洛阳市)。它们三迁其都,先后由草原而边塞再而中原,从北向南,逐渐信念坚定和信心满满地走入中华文明的腹地——中原,这在中国漫长的民族历史演化发展之中也是一个伟大而惊人的先例和奇迹。

北魏王朝在以平城为首都的时代,先后经历了开国皇帝道武帝拓跋珪、后继者明元帝拓跋嗣、太武帝拓跋焘、文成帝拓跋濬、献文帝拓跋弘和孝文帝拓跋宏六位帝王的统治与治理。从道武帝天兴元年(398)七月从盛乐迁都到平城,再到孝文帝拓跋宏于太和十

---

①291—306年,西晋时统治集团内部历时十六年之久的战乱,参与者主要有汝南王司马亮、楚王司马玮、赵王司马伦、齐王司马冏、长沙王司马乂、成都王司马颖、河间王司马颙、东海王司马越。

八年（494）二月迁都于洛阳，北魏王朝的平城时代整整有96年，或者说平城作为北魏王朝的首都有近百年的时间，这是北魏王朝的鼎盛和黄金时代。六位年轻有为的北魏帝王，平均年龄虽只有33岁，但他们意气风发、锐意进取、开放兼容、创新改制，在军事、政治、经济、教育、文化、宗教、民俗等各个领域，进行了一系列的除旧革新和建章立制，特别是在孝文帝时期实施"太和改制"和"汉化改革"的社会发展政策，为民族的新融合和社会的新发展做出了从未有过的大胆探索，以及成效显著的积极实践与努力。北魏平城时代是拓跋鲜卑人创造的北魏王朝最为辉煌的时期，也是北魏历史和文化中最为灿烂和多彩的一页。北魏佛教、佛教文化、佛教艺术和佛寺在此期间得到了佛教自传入中国之后全面而大规模的创新与发展。

孝文帝元宏是北魏王朝中一位承前启后、继往开来和革故变新的英明帝王。他既是北魏王朝平城时代的最后一位帝王，又是北魏王朝洛阳时代的第一位帝王，其终其始，其改其新，其孝其文，北魏帝王之显甚焉。

孝文帝元宏将北魏首都从处于塞外游牧文明与中原农耕文明的交汇之地——平城，南迁到黄河以南、气候更加温暖、雨水更加充沛、土地更加平整、农业生产方式和耕种文明更加广泛而深入的中原地区——洛阳之后，北魏社会发展的核心和重心便进入汉文化的中心地区，形成了北魏王朝继盛乐时代、平城时代之后的又一个崭新的时代——洛阳时代。

北魏洛阳时代的开创者孝文帝元宏以及他的后继者们，宣武帝元恪、孝明帝元诩、孝庄帝元子攸、节闵帝元恭、孝武帝元修，继续推行北魏王朝既定的"汉化"政策，为全面融入中原、为隋唐盛世和中华辉煌文明的到来奠定了很好的社会基础、民族融合、心理认同与文化准备。

北魏平城时代和洛阳时代的帝王们，对待佛教采取了一种超乎寻常的亲近与重视的态度，甚至是把佛教作为一种举国信奉的宗教，使佛教在很长时间内成为北魏的国教，或者可以说是"皇家的宗教"，皇家性是北魏佛教一个根本的属性和特征。尊佛重僧，广建佛寺，弘扬佛法，使佛教文明在与本土儒家文明和道教文明的碰撞、交融、重塑和重构过程中，产生了举世闻名的佛教艺术、佛教文化和佛寺的经典之作。上有所好，下必甚焉，佛寺成为一种文化模式与信仰风尚流行于北魏的平城时代和洛阳时代。

## 二、北魏是中国佛教发展史上一个重要时期

魏晋南北朝是中国佛教发展史上一个重要时期，是佛教、佛教艺术和佛教文明一个承前启后、继往开来、开放革新、多元发展的重要时期，也可以说是佛教、文化、艺术和寺庙滥觞与繁荣的重要阶段，尤其是在进入南朝和北朝对峙时期，佛寺处处，梵音袅袅。

唐朝诗人杜牧的《江南春》可谓妇孺皆知，其中著名的"南朝四百八十寺，多少楼台烟雨中"，已经成为中国佛教历史文化中一个穿越千年的诗意符号和美景标志，一幅佛寺禅静、清雅、深邃的水墨写景和建筑样式生动再现的珍贵画卷，一种无数人出口即可吟诵的优美诗句。杜牧用诗歌审美和意境再现与艺术表现的方法来为人们真实地描写了南朝佛寺林立和佛教繁盛的景况。

而此时北朝的佛教和佛寺，尤其是北魏时期的佛寺，也一如南朝之所咏，呈现出遍布长城内外、河西走廊、山西山东、河南河北的众多之貌和繁盛之况。二十四史中的出生于北魏仕宦之家的北齐史官魏收所著的《魏书》专门新列有一个志目——《释老志》，可见彼时佛教发展之盛和记述佛教道教状态之必要。其中就佛寺，还

有非常真实具体的记载：孝文帝元宏京城洛阳的佛寺共计1367所，僧尼十万余众，四方诸寺则有6478座，而僧尼共有77258人。宣武帝元恪一朝其境内佛寺就有13000余处，孝明帝元诩正光年间（520—525）之后，佛教已泛滥至极，全国佛寺"有三万所"，僧尼有200万人以上。佛教史书《释氏稽古略》卷二记载：北魏洛阳末期"魏译佛经师十九人，出经律论四百十九部，凡一千九百余卷。僧至二百万。国家大寺四十七所。三公等寺八百四十所。百姓所造寺院三万一千所"。

由此可见，无论是杏花烟雨的南朝，还是骏马秋风的北朝，那个时代佛教文化、佛教艺术和佛寺之盛况，如春风般吹遍了大江南北，散落于城乡山野。

佛风法雨丝丝响，僧院香烟缕缕升；北魏佛寺梵呗曲，南朝伽蓝诵经声。

整体而观，北魏佛教发展的突出作用和鲜明特点就是承前启后、开拓创新，其主要有三方面的成就和影响：

一是佛教思想的改革和创新。它是将佛教传入中国之后"沙门不敬王者"（东晋慧远《沙门不敬王者论》）的思想与仪轨，依据客观形势的变化和自身发展的需要，根据前秦高僧道安"行至新野，谓徒众曰：不依国主，则法事难立"（《高僧传》卷第五《道安》）经验教训的总结和忠告，联系北魏社会和意识形态的实际，进行了大胆的改革和创新，法果则响亮地提出了"能鸿道者人主也，我非拜天子，乃礼佛耳"（《魏书》卷一百一十四志第二十《释老志》）的佛教改革主张和佛教发展思路。特别是北魏帝王对这位北魏佛教的领袖人物法果老和尚，予以特别隆重的礼遇，以此昭示北魏王朝对佛教的高度重视，以"助王政之禁律，益仁智之善性"（《魏书》卷一百一十四志第二十《释老志》），达到王权与教权、法王与人王的高度统一和有机结合。

二是大量翻译佛经。提供符合当时社会文化发展和佛教传播实际的经本教材，以供信仰者修持和教化之用，如高僧惠始、玄高、昙曜、僧周、道弁、跋陀、昙度、惠生等，以及西域僧人常那邪舍、昙摩流支、菩提流支等翻译出大量的佛经，也撰写了许多佛经注疏。按照佛教史书《释氏稽古略》卷二的记载："魏译佛经师十九人。出经律论四百十九部凡一千九百余卷。"

三是积极进行佛教艺术、佛教文化的实践和创作。开凿了以云冈石窟和龙门石窟为代表的巅峰式的佛教石窟，建构了悬空寺、觉山寺、少林寺、永宁寺、香山寺等许多载入史册的佛教寺庙，其皆对以后中国佛教和文化艺术的发展产生了极其重大的影响，成为北魏平城时代和洛阳时代鲜明的文化记忆、文化符号与艺术标识，也成为北魏佛寺和北魏文化的经典。

## 三、北魏历代佛教发展状况

道武帝拓跋珪是北魏王朝的建立者和奠基者。他经历了最为残酷、最为激荡、最为艰辛的磨难与锻炼，内外险境，九死一生，淬炼成钢。15岁的他便登上代王位，以其非凡的胆识、勇气、政治气魄和斗争精神开创了拓跋鲜卑民族从未有过的一个新时代，由代王到魏王再到北魏皇帝，在风云际会和动荡岁月中北魏王朝诞生了，开中国历史上少数民族建立王朝的先河。

在宗教、经学和文化教育上，道武帝拓跋珪喜好黄老之学，大量阅览佛经，并礼敬佛门高僧，为北魏佛教的皇家性质和国家化奠定了开创性的坚实基础。《魏书》卷一百一十四志第二十《释老志》记曰："太祖平中山，经略燕赵，所逕郡国佛寺，见诸沙门、道士，皆致精敬，禁军旅无有所犯。"而且，他在戎马倥偬和驰骋草原中，不忘学习和读经："帝好黄老，颇览佛经。"《佛祖统纪》第三十八卷记载："北魏太祖，皇始二年（397）诏赵郡法果为沙门统。帝生知信佛。初平中山所经郡国,见沙门皆致敬。禁军旅毋得有犯……天兴元年(398),诏于京城建五级浮屠须弥殿耆阇山禅房讲堂。悉务壮丽。"在道武帝拓跋珪迁都平城的时候,即下诏崇佛:"夫佛法之兴,其来远矣。济益之功,冥及存没,神踪遗轨,信可依凭。其敕有司,于京城建饰容范,修整宫舍,令信向之徒,有所居止。"并且在首都平城建设的整体规划中,开始修建佛教的重要性和标志性建筑,"始作五级浮屠,耆阇崛山及须弥山殿,加以缋饰。别构讲堂、禅堂及沙门座,莫不严具焉。"(《魏书》卷一百一十四志第二十《释老志》)还专门设置管理佛教僧徒事务的机构,进一步管理不断发展的佛教事务,任命法果为"道人统",以履行管理日益增多的僧徒、道士和寺观之责。在道武帝拓跋珪时期,佛教在政策、导向、制度和重视等方面,得以很好的开端。《魏书》卷二帝纪第二《太祖道武帝》记载:道武帝拓跋珪在大规模营建首都平城,以及其后诸帝近百年的后续建设中,平城郭内陆陆续续建置有佛教寺庙近百所,可谓伽蓝座座、蔚为大观矣。

明元帝拓跋嗣是道武帝拓跋珪的长子,是北魏王朝的第二位皇帝。他于天赐六年(409)除掉了弑父篡位的同父异母弟清河王拓跋绍①而登基为帝。在政治和政权建设上，他稳定人心，起复旧官，缓和统治集团内部的矛盾，加强统治集团的团结。在他统治和治理的十余年里，北魏的宗室和大臣之间很少发生激烈的利益冲突，创造了北魏王朝早期一个难得的政治和政策的平稳实施期。有了安定和平稳的政治条件与社会环境，明元帝拓跋嗣大力劝课农桑，发展生产，整顿吏治，缓和矛盾，进一步增强了北魏社会经济、军事的国家实力。在皇权继承机制上，明元帝拓跋嗣冲破种种阻力，结束了拓跋代、拓跋魏君主"不崇储贰"的历史，确立储君，临朝听政，以保证拓跋皇权能够顺利交接。正如《魏书》所称，明元帝在位十五年，"抱纯孝之心，逢枭镜之祸，权以济事，危而获安，隆基固本，内和外辑。以德见宗，无良愧也。"（《魏书》卷三帝纪第三《太宗明元帝》），为北魏王朝早期的社会稳定、政权巩固和经济发展奠定了很好的基础。

在对待佛教的态度和政策上，明元帝拓跋嗣继续遵循其父王道武帝拓跋珪制定的方针和准则，"亦好黄老，又崇佛法，京邑四方，

---

① 《魏书》卷十六列传第四道武七王《清河王绍》言清河王："凶佷险悖，不遵教训。好轻游里巷，劫剥行人，斫射犬豕，以为戏乐。太祖尝怒之，倒悬井中，垂死乃出。太宗常以义方责之，遂与不协，恒惧其为变。"

建立图像,仍令沙门敷导民俗"(《魏书》卷一百一十四志第二十《释老志》)。对于道人统法果这样一位在当时佛教界具有广泛影响的领袖人物,继续尊敬而厚爱之,"帝常亲幸其居,以门小狭,不容舆辇,更广大之"(《魏书》卷一百一十四志第二十《释老志》)。《佛祖统纪》第三十八卷记载:"永兴元年(409)诏封法果为辅国宜城子(僧受俗官之始),神瑞元年(414)加封法果为忠信侯。"并加封法果为安成公,还不断强调和引导出家沙门发挥其"敷导民俗"的教化功能。明元帝在对法果80岁去世时的哀悼,更成为北魏皇帝崇佛重僧的千古佳话。他对法果"三临其丧",表达帝王对"道人统"隆重的吊唁之情,还追授法果为"老寿将军"。佛教和皇家的关系、帝王与高僧的亲近、北魏佛教的生存与生态由此可见一斑。

太武帝拓跋焘继承父亲明元帝拓跋嗣之位而登基为帝,成为北魏王朝的第三位皇帝。

《魏书》卷四下帝纪第四下《世祖太武帝》的最后,有一段史臣的评语,称赞世祖太武帝:"聪明雄断,威灵杰立,籍二世之资,奋征伐之气,遂戎轩四出,周旋险夷。扫统万,平秦陇,翦辽海,荡河源,南夷荷担,北蠕削迹,廓定四表,混一戎华,其为功也大矣。遂使有魏之业，光迈百王，岂非神睿纪纶，事当命世。"这段有感情、有气势、有内容、有概括、有称赞的评价语，深刻中肯，全面细致，客观周到，恰如其分。世祖太武帝拓跋焘，是明元帝的长子，他继承了父亲和祖父的禀赋与气质，以其聪明的天资、英雄的刚毅和勇猛的决断，凭借威武和杰出的功绩，巩固和拓展了北魏王朝的江山社稷。从泰常八年（423）十一月继承皇位，至正平二年（452）二月被宦官宗爱所杀，在其在位30年的岁月里，他表现出北魏帝王横槊北方、威武治世、统一天下的英雄气概与深邃眼光。每次出征都是亲率大军，北讨柔然、西征夏国、攻灭北燕、消灭北凉，不仅为北魏王朝扩展了疆域、打下了基础和巩固了帝业，也为五胡十六国的长期割据和纷争分裂画上了句号，完成了广阔北方统一的历史大业。《魏书》卷四上帝纪第四上《世祖太武帝》记载："太延五年（439）夏四月丁酉，鄯善、龟兹、疏勒、焉耆诸国遣使朝献。五月丁丑，治兵于西郊。癸未，遮逸国献汗血马。……是岁，鄯善、龟兹、疏勒、焉耆、高丽、粟特、渴槃陀、破洛那、悉居半等国并遣使朝贡。"《魏书》卷一百二列传第九十《西域》记载：太武帝拓跋焘"太延中（435—440），魏德益以远闻，西域龟兹、疏勒、乌孙、悦般、渴槃陀、鄯善、焉耆、车师、粟特诸国王始遣使来朝。"据新疆民丰县尼雅考古发现魏晋时期的324号佉卢文书记载："鲜卑人到达且末，劫掠王国，抢走居民。"可见，在太武帝拓跋焘时期，北魏王朝的威力和管辖，已达西域，并远至新疆塔里木盆地南缘的且末。

太武帝拓跋焘不仅在军事上东征西讨、南攻北杀、开土阔疆，而且在政治、经济、文化和教育上，也表现出高度的政治智慧与杰出的治理能力。《魏书》卷一百一十四志第十五《食货志》中记载了这样一段话："世祖即位，开拓四海，以五方之民各有其性，故修其教不改其俗，齐其政不易其宜，纳其方贡以充仓廪，收其货物以实库藏，又于岁时取鸟兽之登于俎用者以牣膳府。"话虽不长，但是我们还是可以细微地感受与体悟到太武帝拓跋焘在武力和文治上杰出的政治智慧与管理能力，彼时经济、社会、文化、军事、政治与生产生活、民情风俗、丰储俭用的丰富内容和治理经验皆跃然于纸上、融汇于其中。

就是这样一位英雄般的北魏帝王，在对待宗教态度和政策上，前尊后废，天壤所差。当初太武帝"亦遵太祖、太宗之业，每引高德沙门，与共谈论。于四月八日，与诸佛像，行于广衢，帝亲御门楼，临观散花，以致礼敬"（《魏书》卷一百一十四志第二十《释老志》)。佛教典籍《佛祖统纪》第三十八卷记曰：太武帝"始光元年（424），敕天下寺改名招提，四月八日，舆诸寺像行于广衢。帝御门楼临观散花致。……二年（425），帝诞节，诏于佛寺建祝寿道场（圣节道场之始）。神麚元年（428），帝诞节，诏天下佛寺并建道场。廷和元年（432）初，凉土沙门玄高妙善禅观。上遣使迎入平城。甚加敬重，命太子晃师事之。"但是，因其"虽归宗佛法，敬重沙门，而未及存览经教，深求缘报之意"，再加上"及得寇谦之道，帝以清静无为，有仙化之证，遂信行其术"（《魏书》卷一百一十四志第二十《释老志》）。信仰有改变，外因也产生了催化作用，于是生发了与父亲和祖父完全不同的心态、不同的政策，竟在其执政后的第二十三年发生了抑佛、灭佛的重大事件。

先是在太延四年（438）三月下诏"罢沙门年五十以下"（《魏书》卷四上帝纪第四上《世祖太武帝》），令年轻力壮的出家沙门还俗，从事劳动生产，以增加国家的兵役和赋税来源。又于太平真君五年（444）正月下诏："自王公以下至于庶人，有私养沙门、师巫及金银工巧之人在其家者，皆遣诣官曹，不得容匿。限今年二月十五日，过期不出，师巫、沙门身死，主人门诛"（《魏书》卷四下帝纪第四下《世祖太武帝》）。

在太平真君七年（446），太武帝前去镇压卢水胡人盖吴起义，在长安的一所寺庙里，发现藏匿有弓箭矛盾等兵器，又发现州郡官员和富商于寺中存放了大量的金银财物，更有悖于佛门戒律和世俗常理的是佛寺中竟然私藏有酿酒的器具和淫乱的妇人。佛教史籍《释氏稽古略》卷二记曰："初魏太平真君六年（445），太武讨盖吴之乱至长安。见僧寺有兵仗，武怒。司徒崔浩因而劝太武，尽诛沙门毁诸经像。"《佛祖统纪》第三十八卷记载："及帝讨盖吴至长安入佛寺，沙门饮从官酒，见其室有兵器，以白帝，乃命有司案诛沙门。阅其财产大得酿酒具及守牧富人所寄藏物。浩因说帝悉诛天下沙门。诏征镇诸军有浮屠形象胡经皆悉焚毁，沙门无少长，坑之。"由此可知，在种种违教败俗的事实面前，又在深得其信任的司徒崔浩的多次进言下，太武帝终于三月颁布了自佛教传入中国之后最为严厉的灭佛诏书："诏诛长安沙门，焚破佛像"（《魏书》卷一百一十四志第二十《释老志》），造成了"太武灭佛"的重大历史事件，开创了中国历史"三武一宗灭佛"（北魏太武帝灭佛、北周武帝灭佛、唐武宗灭佛、后周世宗灭佛）的先例，致使佛教跌入了自东传以来的最低谷。

物极必反是事物发展的一条基本规律，矫枉过正也常常是中国百姓心里坚信的一条经验总结。

北魏王朝尊佛重教的传统却并未因"太武灭佛"事件而割断、而戛止，太武帝拓跋焘的继任者却在经历了短暂的"拨乱反正"（文成复法）之后，以更大的信心和力度推动北魏佛教、北魏佛教文化和北魏佛寺的建设与发展，开创了以昙曜译经和以开凿云冈石窟、龙门石窟、灵岩寺、永宁寺、少林寺、悬空寺、觉山寺、香山寺等为代表的北魏佛教、北魏佛教文化和北魏佛寺的崭新局面。

正平二年（452），太武帝拓跋焘被宦官宗爱所杀。宗爱秘迎太武帝庶子南安王拓跋余入宫，并将其立为皇帝，改元永平，而宗爱自己则自封为大将军、大司马、太师、都督诸军事、领中秘书，把北魏王朝军政大权独揽于一己手中。这年十月南安王拓跋余被害，太武帝拓跋焘之旧部老臣源贺、陆丽和长孙渴侯等合力将宗爱杀死，新立太武帝拓跋焘的皇嫡孙拓跋濬为帝，这就是北魏王朝的文成帝，此时其年仅13岁。

文成帝拓跋濬登基后，在源贺、陆丽等大臣的鼎力辅佐下，果断地采取了一系列政治措施，在即位不到一个月的时间里，先后清除掉广阳王拓跋建和临淮王拓跋谭二位叔王，《魏书》卷五帝纪第五《高宗文成帝》记载：兴安元年（452）冬十一月"二人争权，并赐死。癸未,广阳王建薨,临淮王谭薨"。文成帝果断地诛除宗室诸王,确保了明元帝确立的储君制度得以顺利实施。清除异己,稳定朝中政局和人心。对内,文成帝拓跋濬加强对官吏的选拔制度,加强对地方政府的整顿,加强对赋税、徭役、杂调和救荒等经济政策的调整;对外,文成帝拓跋濬采取"养威布德,怀缉中外"的策略,加强对周边丁零、氐、羌和陇西屠各族大姓等民族关系的处理,加大对柔然、吐谷浑和南方刘宋政权的强力攻势,以有和有战、恩威并施的两手,赢得了稳定的内外发展与不断强盛的政治社会环境。

在佛教管理政策上,文成帝拓跋濬在登基后的第二年,即下诏恢复佛教,并以巧妙的策略和言辞为祖父太武帝灭佛事件脱责,将"灭佛事件"定性为扩大化的责任,推到了"有司"身上,坚定地认为是具体负责处理事件的"有司"犯了扩大化、绝对化的过错,从而以新的姿态延续先祖们"一脉相承"的尊佛重教的政治、文化和政策的传统。

文成帝拓跋濬对于佛教管理政策主要做了七件大事:

一是恢复佛教,为祖父灭佛"脱责"。其诏书曰:"夫为帝王者,必祗奉明灵,显彰仁道,其能惠著生民,济益群品者,虽在古昔，犹序其风烈。是以《春秋》嘉崇明之礼，祭典载功施之族。况释迦如来功济大千，惠流尘境，等生死者叹其达观，览文义者贵其妙明，助王政之禁律，益仁智之善性，排斥群邪，开演正觉。故前代以来，莫不崇尚，亦我国家常所尊事也。世祖太武皇帝，开广边荒，德泽遐及。沙门道士善行纯诚，惠始之伦，无远不至，风义相感，往往如林。夫山海之深，怪物多有，奸淫之徒，得容假托，讲寺之中，致有凶党。是以先朝因其瑕衅，戮其有罪。有司失旨，一切禁断。……朕承洪绪，君临万邦，思述先志，以隆斯道。今制诸州郡县，于众居之所，各听建浮屠一区，任其财用，不制会限。其好乐道法，欲为沙门，不问长幼，出于良家，性行素笃，无诸嫌秽，乡里所明者，听其出家"（《魏书》卷一百一十四志第二十《释老志》）。佛教典籍《佛祖统纪》第三十八卷记曰："朕承鸿绪，志隆圣道。其令天下郡县各建浮屠一区，欲为沙门者听。……复教之日，帝亲为五人下发，以师贤为沙门统。"

二是修建佛寺，复显经像。诏书一出，马上行动："天下承风，朝不及夕，往时所毁图寺，仍还修矣。佛像经论，皆得复显"（《魏书》卷一百一十四志第二十《释老志》）。

三是为高僧下发，设置僧官。文成帝亲自为先前在"太武灭佛"时已经还俗的罽宾国①僧人师贤等五人举行隆重的"下发"仪式，恢复师贤"道人统"的僧官职务。

四是新设僧官，管理宗教事务。任命在"太武灭佛"时誓不还俗、"摄行坚贞，风鉴闲约"（《续高僧传》卷第一《魏北台石窟寺恒安沙门昙曜传三》）的高僧昙曜为"沙门统"，专门管理佛教事务和僧徒信众等宗教事务。《佛祖统纪》第三十八卷记载："和平元年（460），诏沙门统昙曜为昭玄沙门都统，待以师礼（隋百官志，昭玄寺掌佛教。署大统一人、统一人、都维那三人，置功曹、主簿官，以管诸郡沙门）。"

五是纪念先帝，铸像礼敬。文成帝为先帝们和自己铸雕具有"人佛合一""人格与佛格相统一"及"佛教特质与纪念意义合一"的金像、石像。

六是开凿石窟，开设译场。在首都平城西郊武州山，以国家的力量开凿了举世闻名的云冈石窟和开办北台石窟"译经场"，其中

---

① 古代中亚内陆地区的一个国家或地区名，古希腊人称喀布尔河为Kophen，音译便为罽宾。自西汉时期至唐代，均指卡菲里斯坦至喀布尔河中下游之间的河谷平原，地势平坦、气候温和、物产丰富，某些时期也可能包括克什米尔西部。汉武帝时，罽宾开始派使者前来长安朝贡。

仅昙曜与天竺沙门常那邪舍等共译新经就有十四部。佛教典籍《历代三宝纪》第九卷记载："太武帝崩，子文成立，即起浮屠毁经，七年还兴三宝。至和平三年（463），诏玄统沙门释昙曜，慨前凌废，欣今载兴。故于北台石窟寺内集诸僧众，译斯传经，流通后贤，庶使法藏住持无绝。"

七是提供保障，持续供养。专门为寺院设立了供养和役使的"僧祇户""浮屠户"，为佛教的弘传与发展提供必要的经济供给和社会条件。

如此一系列重大而深远的推动佛教发展的政策举措，有利于佛教发挥"助王政之禁律"的功能和作用，维护拓跋王朝的政治统治，形成在臣民意识形态中的安忍与心理结构中的安慰。同时，继承先帝们躬亲力行倡导的尊佛重教传统。若此，文成帝时代为北魏佛教、佛教文化、佛教艺术和佛寺的建设与发展，创造了难得的政治环境、社会氛围和文化气候。文成帝拓跋濬也同北魏王朝"恢复佛教"和云冈石窟的开凿一起，书写进人类文明的皇皇史册。

佛教史籍《释氏稽古略》记曰："魏和平六年（465）五月，帝殂。帝度僧尼三万余人，兴佛教，修旧寺。"

献文帝拓跋弘是文成帝拓跋濬的长子，文成帝拓跋濬于和平六年（465）五月死于宫中，年仅12岁的拓跋弘继承王位，成为北魏王朝立国后的第五位皇帝。

年纪轻轻的献文帝拓跋弘，在其执政的四年时间里，一如北魏王朝的先帝们一样，积极开展一系列社会整治和政治举措，《资治通鉴》记曰："魏显祖勤于为治，赏罚分明，慎择牧守，进廉退贪"（卷第一百三十三宋纪十五《太宗明皇帝下》）。清除朝中威胁皇权的异己力量，控制乙浑专制朝政，并果断将其处死，使北魏拓跋王权又一次转危为安。《魏书》卷六帝纪第六《显祖献文帝》记载：献文帝拓跋弘还整顿爵位制度，严格选官，规定："今制：刺史守宰到官之日，仰自举民望忠信，以为选官，不听前政共相干冒。若简任失所，以罔上论。"以此来提高地方行政的效率。史称："魏主始亲国事，勤于为治，赏罚严明，拔清节，黜贪污，于是魏之牧守始有以廉洁著闻者。"（《资治通鉴》卷第一百三十二宋纪十四《太宗明皇帝中》）

献文帝拓跋弘之所以登基秉政仅有短短的四年时间，是因为文成帝拓跋濬的皇后冯氏的临朝称制。《魏书》卷六帝纪第六《显祖献文帝》曰：献文帝拓跋弘"聪睿机悟，幼而有济民神武之规，仁孝纯至，礼敬师友。"《魏书》卷一百一十四志第二十《释老志》

记载:"显祖即位,敦信尤深,览诸经论,好老庄。每引诸沙门及能谈玄之士,与论理要。"但是日后却渐渐"雅薄时务,常有遗世之心,欲禅位于叔父京兆王子推"(《魏书》卷六帝纪第六《显祖献文帝》)。按《资治通鉴》卷第一百一十三《宋纪十五》的记载:献文帝拓跋弘"刚毅有断,而好黄、老、浮屠之学,每引朝士及沙门共谈玄理,雅薄富贵,常有遗世之心"。为什么年纪轻轻又刚刚执政仅四年,便有如此的"禅让"和"遗世"之心之行呢?究其原因,就是献文帝拓跋弘在与冯氏的宫闱秘斗中处于的劣势被迫所致。《魏书》卷一百五之三志第三《天象志三》记载:"上迫于太后,传位太子。"于皇兴五年(471)禅位于儿子拓跋宏而自己做了太上皇,最终又于延兴六年(476)"显祖暴崩,时言太后为之也""献文不悟,至六月暴崩,实有鸩毒之祸焉",遗憾地结束了自己短暂、无奈的帝王人生,年仅23岁。

对于佛教,献文帝也表现出自然或自觉的内心喜爱。其本人心怀"深愍生命"的善根,在《魏书》卷一百八之一志第十《礼志一》记有:献文帝"命有司,非郊天地、宗庙、社稷之祀,皆无用牲",其后又"禁杀牛马"。《魏书》卷一百一十四志第二十《释老志》还记载了这样一件事:显祖因田鹰获鸳鸯一,其偶悲鸣,上下不去。帝乃惕然，问左右曰："此飞鸣者，为雌为雄？"左右对曰："臣以为雌。"帝曰："何以知？"对曰："阳性刚，阴性柔，以刚柔推之，必是雌矣。"帝乃慨然而叹曰："虽人鸟事别，至于资识性情，竟何异哉！"于是下诏，禁断鸷鸟，不得蓄焉。除此之外，献文帝还在处理繁忙朝务之外，又多有"好黄老之学"和与"沙门共谈玄理"的个人爱好与学问修为，这为献文帝拓跋弘日后在与冯太后权力斗争失败后在鹿野苑石窟"修禅习定""念诵拜佛"提供了基础性、先天性和个性化的土壤。

《魏书》卷一百一十四志第二十《释老志》记曰："高祖（孝文帝拓跋宏）践位，显祖移御北苑崇光宫，览习玄籍。建鹿野苑浮屠于苑中之西山，去崇光右十里，岩房禅堂，禅僧居其中焉。"可知，北魏平城的鹿野苑石窟一定与献文帝拓跋弘有密切而必然的联系，或者说就是遵献文帝拓跋弘之旨意所开凿，或者是专为献文帝拓跋弘退而学佛所开凿的，成为当时距离北魏平城最近却又深藏于北郊崎岖山中的一处佛教石窟寺，仅距北魏平城遗址约4公里。《魏书》卷六帝纪第六《显祖献文帝》云："（皇兴）四年（470）十有二月甲辰，幸鹿野苑石窟寺。"唐释道宣《广弘明集》收录有北魏历仕五朝、备受尊礼，历任中书博士、侍郎、建武将军、中书令、太常卿、秘书监等职，进爵梁城侯、咸阳公，谥号为"文"的高允撰写的《鹿苑赋》，描述了北魏献文帝时代平城郊外鹿野苑佛寺建设的繁盛景象："暨我皇之继统，诞天纵之明睿；追鹿野之在昔，兴三转之高义……凿仙窟以居禅，辟重阶以通述；澄清气于高轩，伫流芳于王室……思离尘以迈俗，涉玄门之幽奥；禅储宫以正位，受太上之尊号……正南面以无为，永措心于冲妙。"

北魏献文帝一朝，佛教、佛教文化和佛寺亦得到了较好的发展，并亲入其中，提振民众信仰佛教和诵经修持之信心。

历史的车轮进入孝文帝拓跋宏时期，北魏王朝在经济、军事、民族、文化、教育、宗教等各个方面都已经奠定了比较好的基础，北魏社会进入"改制强世"的全面发展时期，推出了闻名于世的"太和改制"和"汉化改革"等社会改革举措，也为日后隋唐盛世的出现铺垫了较好的社会条件和文化基础。

孝文帝拓跋宏是献文帝拓跋弘的长子，他们父子年龄相差仅有十三岁。孝文帝是在其父被逼无奈退位做了太上皇，而于北魏皇兴五年（471）八月"上迫于太后，传位太子"之后继承皇位，而成为北魏王朝的第六位皇帝。此时，孝文帝拓跋宏年仅五岁，是北魏王朝中登基时年龄最小的一位皇帝。

孝文帝在其祖母文明皇太后冯氏的抚养、培养、控制和称制下，逐渐锻炼成具有更宽广政治视野、久慕汉文化心态和改革旧制精神强烈的北魏君王。其"太和改制"，其"汉化政策"，其"迁都洛阳"，皆成为北魏一朝留给中国古代历史最鲜明和最深刻的篇章，也成为中国古代各少数民族政权学习和融入华夏文明，并且共同谱写中华神州灿烂文明的榜样。

无论历史学家们对发生在北魏太和年间（477—499）的改革有怎样的称谓和观点异同，对冯太后和孝文帝拓跋宏的改革过程有怎样的前后分别与表述差异，这场改革都是在孝文帝拓跋宏"太和"年号期间进行的。无论孝文帝其时的年龄是大是小、其主要政策的制定和推行是主是辅，从历史事实和史学说明的角度，我们都将孝文帝"太和改革"和"汉化改革"称之为顺理成章。

孝文帝太和改制和汉化改革的主要内容是：整顿吏治，颁行俸禄，惩治贪赃，推行均田制和新的租调制以促进农业的恢复与发展；实行三长制以代替原来以宗族为单位的宗主督护制；修订和完善了北魏律令；恢复礼乐改变风俗，禁止同姓联姻；督课农桑计口授田；修筑大道直通要关；整顿政风鼓励直谏，重视选贤，尊崇汉民族历史上的圣哲先贤，尊孔子为"文圣尼父"，修复尧、舜、禹之祭庙；敬重汉民族历史上的忠良志士，将商朝辅佐了两代君主的比干（约前1110—前1047）看作"殷之良士"；禁止穿鲜卑服而仿照汉族人着汉装，还带头"魏主引见群臣于光极堂，颁赐冠服"（《资治通鉴》卷第一百四十《齐纪六》）；禁止使用鲜卑语，"诏不得以北俗之语言于朝廷，若有违者，免所居官"（《魏书》卷七帝纪第七下《高祖孝文帝》）；努力在风情习俗上也完全融入中原，"迁洛之人，自兹厥后，悉可归骸邙岭，皆不得就茔恒代"（《魏书》卷二十列传第八《文成五王·广川王略》）；仿照汉族士庶不婚的惯例，禁止士庶通婚和非类婚，提倡胡汉联姻；重视用儒家的三纲五常道德规范礼仪严格约束臣民，对汉族士人重新制定姓族；广泛采用汉族封建官制，极力推行封建的等级制和门阀制；通过礼制改革，极力推行儒家的政治思想，改革违背新礼制的一切旧俗陋习，让鲜汉两族融合为一，使之没有明显的区别。北魏王朝经过道武帝、明元帝、太武帝、文成帝、献文帝几代帝王的努力，孝文帝太和年间的一系列改制和改革，北魏王朝在政治制度、经济制度、行政制度、社会制度和文化教育制度上，都已经完成了封建化进程，使北魏王朝成为中原封建政权的正统继承者，也为其后隋唐盛世的到来奠定了开启四方、共融中华的宽广基础。

# 北魏佛寺的沿革与特征

孝文帝拓跋宏将北魏王朝的首都,从已经经营了近百年的塞北平城迁移到黄河以南中原之地的古都洛阳,北魏王朝强盛的"平城时代"结束了,而北魏王朝融合的"洛阳时代"开启了。

迁都洛阳后,在孝文帝元宏之后,北魏王朝又经历了七代帝王,七代帝王的平均年龄只有27岁。从孝文帝元宏太和十八年(494)二月颁布迁都令,至孝武帝元修永熙三年(534)十月宇文泰鸩杀孝武帝,北魏灭亡,分裂为东魏和西魏,北魏王朝的"洛阳时代"计有40年。拓跋鲜卑之北魏王朝,前有"盛乐时代"12年,中有"平城时代"96年,后有"洛阳时代"40年,一个叱咤风云、雄踞北方、建国立都、强势对峙、改革创新、融于中原的由拓跋鲜卑人建立的北魏王朝结束了。然而,它所创造的辉煌历史、社会改制、民族融合、社会创新、文化开放、交流交融和艺术繁荣,即使在经过了1600余年风雨之后的今天,依然让后世的人们驻足其前而顿生景仰于心中。

《魏书》卷一百一十四志第二十《释老志》的记载和描述:在北魏平城孝文帝时,"自兴光(454—455)至此(承明元年〔476〕),京城内寺新旧且百所,僧尼二千余人,四方诸寺六千四百七十八,僧尼七万七千二百五十八人"。在北魏洛阳时代的宣武帝时，"世宗笃好佛理，每年常于禁中，亲讲经论，广集名僧，标明义旨……至延昌（512—515）中，天下州郡僧尼寺，积有一万三千七百二十七所，徒侣逾众。"《魏书》卷一百一十四志第二十《释老志》有一段总结性的话："魏有天下，至于禅让……略而计之，僧尼大众二百万矣，其寺三万有余。"

北魏洛阳时代佛教发展和佛寺兴建的状况与规模，显然是与北魏王朝佛教的皇家特性、与北魏王朝佛教的政策导向、与北魏王朝帝王们对佛教的深切喜欢和佛学修养有密切关联。《资治通鉴》卷第一百四十七梁纪三《高祖武皇帝三》记云："魏主（宣武帝元恪）于式乾殿为诸僧及朝臣讲《维摩诘经》。时魏主（宣武帝元恪）专尚释氏，不事经籍，中书侍郎河东裴延儁上疏，以为'汉光武、魏武帝，虽在戎马之间，未尝废书，先帝迁都行师，手不释卷，良以学问多益，不可暂辍故也。陛下升法座，亲讲大觉，凡在瞻听，尘蔽俱开。然五经治世之模楷，应务之所先，伏愿经书互览，孔释皆存，则内外俱周，真俗斯畅矣'。"而且，"魏胡太后令诸州各建五级浮屠，诸王贵宦各建寺于洛阳（《释氏稽古略》卷二）。由此可见，迁都洛阳后的北魏帝王、北魏佛教和北魏佛寺的真实状态、发展情况与真切缘由。

杨衒之《洛阳伽蓝记》记载：北魏末年洛阳的佛寺仍有1367所。而佛教史书《释氏稽古略》卷二记载："僧至二百万。国家大寺四十七所。三公等寺八百四十所。百姓所造寺院三万一千所。"世宗宣武帝时，在洛阳修建的佛寺，最为著名的有永宁寺、瑶光寺、正始寺、景明寺等。

我们以正始寺为例从经济学的角度来估算，了解一下北魏佛寺的建筑规模和资金使用。杨衒之《洛阳伽蓝记》记载：正始寺内立有一通石碑，背面刻有捐赠的情况，"侍中崔光施钱四十万，陈留侯李崇施钱二十万，自余百官各有差，少者不减于五千以下"。"正始寺，百官等所立也"，尽管是"官员出资"，但一座佛寺建设的资金投入即由此可略知大概。这也反映出北魏社会的经济状况和北魏佛教文化的深刻影响，也说明北魏佛教寺庙的建设规模是如此巨大，并强烈地吸引着人们长久不息地树立信仰和经济投入。

北魏王朝佛寺之兴建，之繁荣，之滥觞，于斯可见一斑矣！

北魏佛寺

北魏佛寺的文献与举偶

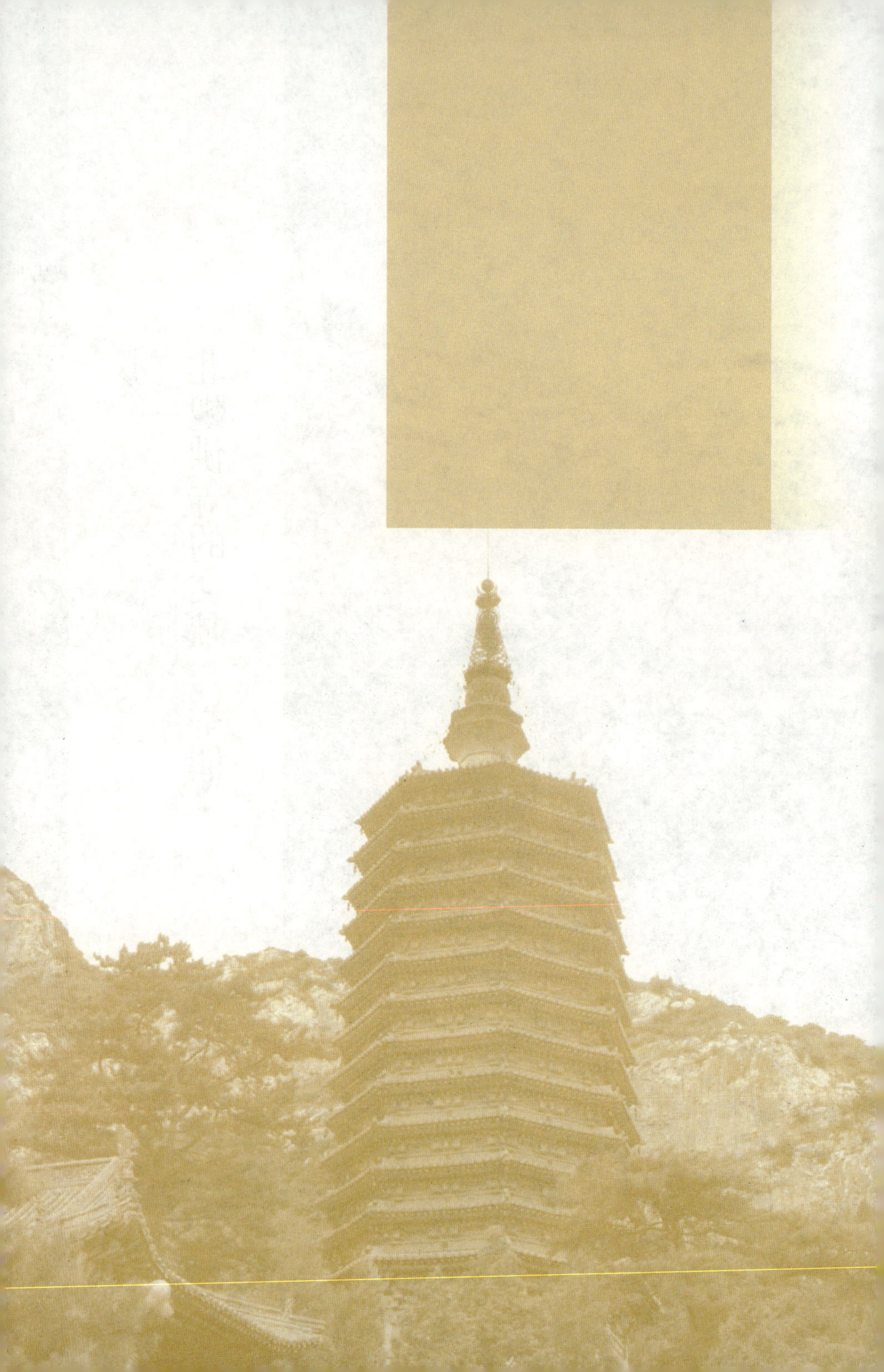

北魏王朝开国皇帝道武帝拓跋珪时期的佛教高僧法果,在日复一日的晨钟暮鼓、礼佛念经、参佛悟法的素朴修行中,心中怀有一种佛教传入东土以来从未有过的"改革精神"和"佛教主张",这种"改革精神"和"佛教主张",就使他大胆地提出了皇帝"即是当今如来",并且把"拜佛"与"拜帝王"合二为一、融为一体。他载入史册的著名主张就是:"能弘道者人主也,我非拜天子,乃是礼佛耳"(《魏书》卷一百一十四志第二十《释老志》),一举打破了佛教自传入东土以来"沙门不敬王者"的旧制陈规。"帝佛合一""人佛合一""佛道与王权合一",也就成为北魏佛教最鲜明的精神气质、时代主题、思辨义理和个性特征。如此一来,佛教的修持与王道的治世得到了高度契合,"助王政之禁律,益仁智之善性"的佛教"妙明"(《魏书》卷一百一十四志第二十《释老志》),也就成为北魏王朝统治者迫切的内心企求和统治所需。而北魏佛教也在"不依国主,则法事难立"(南朝梁僧慧皎《高僧传》卷第五《道安》)的历史经验和深刻思考中,努力将帝王的青睐和政权的支持作为一种持久发展的强大动力而弥足珍贵。佛教典籍《释氏稽古略》卷二记曰:"沙门法果,魏太宗敬之,前后授以辅国宜城子忠信侯,号曰僧统。"这样一种帝王亲佛、国家助佛的思路和做法,也就成为整个北魏王朝鲜明的政治经验、宗教理念和文化传统，并迄始而终。

北魏帝王们的亲佛政策和北魏佛教的皇家性质，为北魏佛教的发展奠定了良好的制度基础与社会条件，也开创了北魏文化与佛教艺术创作繁荣的政策基础和人文传统。作为佛教教育和佛教哲学的典型性、集约性建筑，作为佛教文化和佛教信仰的本体性、特征性标志，一座又一座佛教寺庙如雨后春笋般矗立于北魏王朝广袤的城乡山野、河边道旁和里坊街衢。

我们在以下的阐释与描述中，既不涉及北朝其他政权时期所兴建的佛教寺庙，也不涉及南朝地区历朝历代建置的佛教寺庙，仅是以文献梳理中北魏时代所建和所存的佛寺为例，以此来较为完整地还原和呈现北魏佛寺文明的兴建状况与北魏佛教文化的繁盛风气。

## 一、北魏平城时代的时序与佛寺（73座）

### 1.道武帝拓跋珪（5座）
（386年丙戌—409年己酉，共24年）

登国386年丙戌—396年丙申

皇始 396 年丙申—398 年戊戌

天兴 398 年戊戌—404 年甲辰

天赐 404 年甲辰—409 年己酉

### 中兴寺

该佛寺在河南省南阳市镇平县，为北魏登国元年（386）建置。

《明嘉靖南阳府志校注》记载："该寺始建于北魏元年。"文帝曾在寺设禅并登禅祭拜，故又名登禅寺。

《中兴寺造像碑》记载："夫识超真观，孰能与于此哉。惟大魏镇远将军、步兵校尉、前河北太守、镇固城大都督、周城县开国公、白公名实，字双城，体道群英，志超远略，业因旷善，德美今时，才实文武，器过瑚琏，名播六郡，振向三秦。自参朝政，跃马边戎。……大统三年（537），岁次戊午四月乙丑朔八日丙申率固城上下村邑、诸郡守人、都督戍主、十州武义等，共崇斯福。为国主大王、刺史造中兴寺石像。"

西魏大统年间（535—551），由西魏镇远将军、步兵校尉、前河北太守、镇古城大都督、周城县开国男白寔（字双城）重建。

佛教典籍《高僧传》卷第七记载："释道汪，姓潘，长乐人。……研综经律，雅善涅槃……汪与弟子数人誓心共念观世音……后闻河间玄高法师禅慧深广，欲往从之……费文渊乃上书刺史张悦曰：'道注法师，识行清白，风霜弥峻……悦还都具向宋孝武述汪道行'，帝即敕令迎接为中兴寺主。……释道温，姓皇甫，安定朝那人……善大乘经兼明数论……孝建初（454），被敕小都止中兴寺……时中兴寺复有僧庆慧定僧嵩。"

寺院建筑布局严谨古雅，气势磅礴宏大，幽深壮观，亭台、楼阁、古坊、古碑、佛塔、古井、马五砖、汉画石、唐代壁画等皆为文物珍品。鼎盛时期建筑面积近千亩，僧众两千余人。现存西魏大统五年（539）造像碑三通，呈圭形。高五尺有余（约1.82米），宽二尺五寸（约0.82米），有佛龛造像，佛龛内浮雕造刻一佛、二弟子、二菩萨和四飞天，释迦牟尼佛跏趺坐于中间方座上，袒露右胸，穿着褒衣博带式袈裟，衣服下摆层层复褶垂于座前。刀法洗练，线条疏朗，雕技精湛，保留了北魏时期佛像雕刻的艺术风格。碑文笔体结构严谨，笔力强劲，笔意婉润遒美，字取横势，方笔曲线，波挑隶意尚存，成为魏碑体书法的典范。1951年，中央人民政府专题下文，要求保护好中兴寺文物珍品，1956年、1963年、1982年分别公布该遗址为河南省重点文物保护单位。

### 登禅寺

该佛寺在河南省南阳市镇平县，为北魏登国元年（386）建置。文帝尝在寺设禅并登禅祭拜，故名"登禅寺"。

该寺在鼎盛时期，寺院建筑面积有千亩之广，僧众多达2000余人，故其后在佛教教育和香火相传中，有"千亩登禅"之誉。被广大信众称为南阳地区的"释源祖庭"。

参见"中兴寺"条。

### 开泰寺

该佛寺在山西省运城市永济市，为北魏道武帝时（386—409）建置。

佛典史籍《释氏稽古略》卷二记载，"魏太祖下诏曰：佛法之兴其来远矣，济益之功冥及存没，神踪遗法信可依凭。敕有司于京城建饰容范，修整寺舍。令信向之人有所依止。（魏史）太祖于虞地造十五级浮屠，又造开泰、定国二寺，写佛经论，造千金像，每日法集三百名僧（弘明集）。"

### 定国寺（甲）

该佛寺在山西省运城市永济市，为北魏道武帝时建置。

佛寺所记文献见于佛典《法苑珠林》卷一百《兴福部第五》记

载:"魏元氏太祖道武皇帝,于虞地造十五级塔。又立开泰、定国二寺,写一切藏经,造千金像。三百名僧,每月法集。魏高宗文成帝,重复佛教,更开释门,凡度僧尼三万人。魏显祖献文帝,造招隐寺,召坐禅僧。魏高祖孝文帝,于邺造安养寺,召四方僧。六宫侍女,皆持年三长月六斋。月别造像,放人出家。手不释卷,须便为诵。为先皇再治大行俱施,度僧尼一万四千。魏世宗宣武帝,于式乾殿自讲《维摩》,造普通、大定四寺,常供干僧。魏肃宗孝明帝,于邺下造大觉寺。魏敬宗孝庄帝,造五精舍,一万石像。西魏武帝,长安造陟屺寺,供二百僧。魏文帝,造般若寺,用给贫者,口诵《法华》,身持佛戒。右元魏君临一十七帝,一百七十年。国家十寺四十七所,北台恒安鸰石置龛,东三十里。王公等寺八百三十九所,百姓所造寺者三万余所。总度僧尼二百余万。译经四十九部。佛教东流,此焉为盛。"

参见"开泰寺"条。

净土寺(甲)

该佛寺在河南省洛阳市伊川县白元镇鸾浴沟,为北魏道武帝天赐元年(404)建置。

《净土禅寺记》碑文记载:寺"刱自□□天赐(404—409)、延和间（432—435），历乎宋，沿乎金元。"

《河南佛教胜迹》记载：洛阳伊川佛寺有净土寺、皇觉寺、龙驹寺、周佛寺、慧光寺、复兴寺、斑竹寺、法华寺、圣水寺、佛泉寺、罗汉寺、龙兴寺、佛兴寺、吉祥寺、演法坪寺、大觉佛寺。而净土寺位列诸寺之首。

伊川县白元镇有"五里三寺"之说，即是指夏宝村的清凉寺、水牛沟村的净土寺、白云村的金山寺。至隋唐时，洛阳伊川的净土寺成为皇家寺院，又名东都净土道场。

《续高僧传》卷第四《京大慈恩寺释玄奘传》记载："释玄奘，本名祎，姓陈氏……兄素出家，即长捷法师也。容貌堂堂，仪局瑰秀。讲释经义，联班群伍，住东都净土寺。"

## 2.明元帝拓跋嗣（2座）
## （409年己酉—423年癸亥，共15年）

永兴409年己酉—413年癸丑

神瑞414年甲寅—416年丙辰

泰常416年丙辰—423年癸亥

## 慈林寺

该佛寺在山西省长治市长子县,为北魏明元帝神瑞元年(414)建置。

《乾隆潞安府志》卷一〇《古迹·寺观·长子县》记载:"法兴寺,在县南三十里慈林山。后魏神瑞元年(414)建,旧名慈林。唐咸亨四年(673),郑惠王元懿为潞州刺史,建石塔,藏舍利二十一粒,下有藏经千卷,释洪满撰碑。宋元丰四年(1081)修,王益柔记。寺凿井无水,惠印禅师咒而出泉。有挂筇轩、咏真堂。寺又有唐人集王右军书摹刻,僧以拓本为累,碎投井中,后得断础,辇置学宫,今亦亡。"

方志《光绪长子县志》卷五《祠祀志·寺观》记载:"元至元十年(1273)重修,宋衜为记,俱详金石。国朝乾隆、嘉庆间屡经修葺,今已日颓。"

## 北禅寺

该佛寺在青海省西宁市,为北魏明元帝时期(409—423)建置。

乾隆《西宁府新志》卷十五记载:北禅寺"北门外五里土楼山下,又名永兴寺。湟中古寺第一,即阚骃所谓西平亭,北有土楼神祠者是也"。

《魏书》卷五十二列传第四十《阚骃》记载："阚骃，字玄阴，敦煌人也。祖倞，有名于西土。父玫，为一时秀士，官至会稽令。骃博通经传，聪敏过人，三史群言，经目则诵，时人谓之宿读。……撰《十三州志》，行于世。蒙逊甚重之，常侍左右。"

《水经注》卷二《湟水》注记："湟水东流，经土楼南，上有土楼，北依山原，峰高三百尺，有若削成。楼下有神祠，雕墙故壁存焉。阚骃曰：西平亭北，有土楼神祠者也。今在亭东北五里。右侧五泉注之。泉发西平亭北，雁次相缀，东北流至土楼南，北入湟水。"

北魏明元帝永兴年间（409—413）佛教盛行于鄯州。《释氏稽古略》卷二记："太宗明元帝嗣立，敕于京邑四方建立佛像。"有佛教信徒于湟水之滨的北山断岩间，建寺造像，当地人俗称"北山寺"，也有人称其为"九窟十八洞"。又因寺院楼阁悬立，下临深谷，全然是一座依山而建的悬空土楼，故名"土楼山"。

洞内塑有佛教、道教和世俗信奉的各种造像，绘有神像和山水花卉壁画，被人们誉为"西平莫高窟"和"第二大悬空寺"。

清代末年，由于道教盛行，北禅寺又成为一座道教寺庙。

## 3. 太武帝拓跋焘（6座）

## （424年甲子—452年壬辰，共29年）

始光 424年甲子—428年戊辰

神䴥 428年戊辰—431年辛未

延和 432年壬申—435年甲戌

太延 435年乙亥—440年庚辰

太平真君 440年庚辰—451年辛卯

正平 451年辛卯—452年壬辰

### 悬空寺

该佛寺在山西省大同市浑源县，为北魏太武帝时（424—452）建置。

清顺治《云中郡志》记载："悬空寺，州南十里磁窑口，崖悬穴三百余丈，后魏建。"

方志《乾隆浑源州志》卷八《寺观》记载："悬空寺，在州南恒山下磁窑峡。悬崖三百余丈，崖峭立如削，倚壁凿窍，结构层楼，危梯仄磴，上倚遥空，飞阁相通，下临无地，恒山第一景也。后魏时建。"

《魏书》卷一百一十四志第二十《释老志》记载:"恭宗见谦之造静轮宫,必令其高不闻达鸡鸣狗吠之声,欲上与天神交接,功役万计,经年不成。乃言于世祖曰:'人天道殊,卑高定分。今谦之欲要以无成之期,说以不然之事,财力费损,百姓疲劳,无乃不可乎?必如其言,未若因东山万仞之上,为功差异'。世祖深然恭宗之言,但以崔浩赞成,难违其意,沉吟者久之,乃曰:'吾以知其无成,事既尔,何惜五三百功。'"

《水经注》卷十三《漯水》注写:"始光二年(425),少室道士寇谦之所议建也。兼诸岳庙碑,亦多所署立。其庙阶三成,四周栏槛,上阶之上,以木为圆基,令互相枝梧,以板砌其上,栏陛承阿。上……台榭高广,超出云间,欲令上延霄客,下绝嚣浮。"

方志《嘉庆重修一统志》卷一四六《大同府·寺观》记载:"盛于元时。近增三殿,称奇观焉。"

恒山悬空寺又名玄空寺,是国内现存唯一佛、道、儒三教合一的寺院。

安民寺

该佛寺在山西省临汾市吉县,为北魏太延年间(435—440)建存。

佛教典籍《续高僧传》卷第二十六上《魏文成沙门释慧达传三》记载:"释慧达,姓刘,名窣和,本咸阳东北,三城定阳稽胡也。先不事佛,目不识字,为人凶顽,勇健多力乐。……达后出家,住于文成郡,今慈州东南高平原,即其生地矣。见有庙像,戎夏礼敬处于治下安民寺中。曾往吴越,备如前传。至元魏太武太延元年(435),流化将讫,便事西返。"

## 八角寺

该佛寺在山西省大同市东北平城故城,为北魏太延年(435—440)建存。

史籍《魏书》卷一百一十四志第二十《释老志》记载:"世祖初平赫连昌得沙门惠始,姓张。家本清河,闻罗什出新经,遂诣长安见之,观习经典。……统万平,惠始到京都。多所训导,时人莫测其迹。世祖甚重之,每加礼尽,始自习禅,至于没世,称五十余年,未尝寝卧。或时跣行,虽履泥尘,初不污足,色愈鲜白,世号之曰'白脚师'。太延中,临终于八角寺,齐洁端坐,僧徒满侧,凝泊而绝。停尸十余日,坐既不改,容色如一,举世神异之。中书监高允特为其作传,颂其德迹。"

北魏承明元年(476)十月,孝文帝曾行幸此寺。

### 惠化寺

该佛寺位于北京市延庆区,为北魏太武帝太平真君七年(446)建置。

《钦定古今图书集成方舆汇编职方典》第八十一卷《保定府部纪事一》记载:"太平真君七年,发司幽定冀四州十万人筑畿上塞围起上谷,西至于河,广袤皆千里。魏世祖太平真君八年正月,上谷郡惠化寺醴泉涌。"

位于石经山顶,遗存有单檐石塔。塔门两侧各雕刻有一躯金刚力士,塔门右上方刻有唐乾宁五年(898)惠化寺僧缘同游云居寺题记。

《魏书》卷一百一十二下治第十八《灵徵志下》记载:"高祖太和八年(484)正月,上郡惠化寺醴泉涌。醴泉,水之精也,味甘美,王者修治则出。"

### 大梵寺

该佛寺在山东省东营市广饶县,为北魏太平真君间(440—451)建置。

方志《民国乐安县志》卷二《古迹志·寺观》记载:"马鸣寺,在城东南二十五里后毛庄西北隅。魏太平真君间(440—451)建,名大梵寺，后改为天王寺，后又改今名。已废。"

该寺内存魏孝明帝经三次改定而成的《马鸣寺根法师碑》，亦简称《马鸣碑》（之所以改寺名为"马鸣寺"，是因其寺院在鼎盛时期，仅养马就有100匹之多。每晚百马群鸣，声响天地）。该碑呈圭形，高145厘米，宽81厘米，碑额高31厘米。石碑记载了根法师的一生，反映了马鸣寺在北朝时期的香火旺盛和北周灭佛后逐渐衰落的历史状况。因其书刻极为精工，大显魏碑风采，是魏碑中保存较为珍贵的作品。现珍藏于山东博物馆。

### 治平寺

该佛寺在山西省太原市，为北魏太武帝时（424—452）建存。

方志《乾隆太原府志》卷四十八《寺观》记载："治平寺，在城西三十里狼虎山，土人名狼虎寺。元魏昙始禅师栖此，内有昙始行状碑，宋大观二年（1108）五月立石。"

明永乐《太原府志》卷五记载："狼虎山，在县西山下狼虎村。旧经云：古寺，魏太平真君七年（446）废，太安（455—459）复置。"

明万历《太原府志》卷二十四记载："治平寺，县西三十里狼虎山，大观年（1107—1110）重修。"

光绪《山西通志·古迹考》记写:"后魏治平寺,在阳曲县三十里狼虎山。魏昙始禅师栖此,内有昙始行状碑,宋大观二年(1108)立。"

## 4. 文成帝拓跋濬(6座)
## (452年壬辰—465年乙巳,共14年)

兴安452年壬辰—454年甲午

兴光454年甲午—455年乙未

太安455年乙未—459年己亥

和平460年庚子—465年乙巳

### 五级大寺

该佛寺在山西省大同市,为北魏兴光元年(454)建置。

《魏书》卷一百一十四志第二十《释老志》记载:"兴光元年(454)秋,敕有司于五级大寺内,为太祖以下五帝,铸释迦立像五,各长一丈六尺,都用赤金二十五万斤。"

方志《山西通志》卷一六九《寺观二·大同府·大同县》记载:"五级大寺,后魏兴光元年(454)秋,敕有司为太祖以下五帝铸释迦像,各长一丈六尺,用赤金二十五万斤。"

佛教典籍《广弘明集》卷第二记曰:"兴光元年(454)敕有司,于五级大寺,为太祖以下五帝,铸释迦文像五躯,各长一丈六尺,用赤金二十五万斤。"

佛教典籍《佛祖统纪》第三十八卷记有:"五级大寺,为太祖以下五帝铸释迦佛五躯,各长丈六,用赤金二十五万金。"

佛教史籍《释氏稽古略》卷二记曰:"又敕有司,于五级大寺为太祖以下五帝铸铜佛像,各一丈六尺。帝亲为沙门师贤等五人下发,以师贤为道人统(魏书僧史)。"

## 宝云寺(甲)

该佛寺在山西省长治市,为北魏兴安二年(453)建置。

方志《成化山西通志》卷五《寺观》记载:"宝云寺,在潞州南五十七里泰宁都王村。后魏兴安二年(453)建,贞元二年(786)修。"

## 龙宝寺

该佛寺在河北省邢台市内丘县,为北魏太安年(455—459)建置。

方志《乾隆顺德府志》卷五《寺观·内邱县》记载:"龙宝寺,在獐磨村,北魏太安年(455—459)建。"

### 北台石窟寺（甲）

该佛寺在山西省忻州市五台县，为北魏和平年（460—465）建存。

佛教典籍《续高僧传》卷第二十六《魏荥阳沙门释超达传二》记载："释超达，未详其氏，元魏中行业僧也，多学问有知解。帝禁图谶尤急，所在搜访。有人诬达有之，乃收付荥阳狱。……又僧明道人，为北台石窟寺主。魏氏之王天下也，每疑沙门为贼，收数百僧，互系缚之。僧明为魁首，以绳急缠，从头至足。克期斩决。明大怖，一心念观音。至半夜，觉缠小宽，私心欣幸，精到弥切。及晓，索然都断，既因得脱，逃逸奔山。明旦，狱监来觅不见，惟有断绳在地，知为神力所加也，即以奏闻。帝信道人不反，遂一时释放。"

### 北台石窟寺（乙）

该佛寺在山西省大同市，为北魏和平三年（463）建置。

佛教典籍《历代三宝纪》第九卷记载："太武帝崩，子文成立，即起浮屠毁经，七年还兴三宝。至和平三年（463），诏玄统沙门释昙曜，慨前凌废，欣今载兴。故于北台石窟寺内集诸僧众，译斯传经，流通后贤，庶使法藏住持无绝。"

《续高僧传》卷第一《魏北台石窟寺恒安沙门释昙曜传三》记载:"释昙曜,未详何许人也。少出家,摄行坚贞,风鉴闲约。以元魏和平年(460—465),住北台昭玄统。绥缉僧众,妙得其心。住恒安石窟通乐寺,即魏帝之所造也。……毁法七载,三宝还兴。曜慨前凌废,欣今重复,故于北台石窟,集诸德僧,对天竺沙门,译《付法藏传》并《净土经》"。

### 长广公寺

该佛寺在河北省邯郸市临漳县,北魏文成帝时(452—465)建置。

史籍《魏书》卷四十列传第二十八《陆馛》记载:"兴安初(452),赐爵聊城侯,出为散骑常侍、安南将军、相州刺史,假长广公。为政清平,抑强扶弱。州中有德宿老名望重者,以友礼待之,询之政事,责以方略。如此者十人,号曰'十善'。又简取诸县强门百余人,以为假子,诱接殷勤,赐以衣服,令各归家,为耳目于外。于是发奸摘伏,事无不验。百姓以为神明,无敢劫盗者。在州七年,家至贫约。徵为散骑常侍,民乞留馛者千余人。显祖不许,谓群臣曰:'馛之善政,虽复古人何以加之?'赐绢五百匹、奴婢十口。馛之还也,吏民大敛布帛以遗之,馛一皆不受,民亦不取，于是以物造佛寺焉，名长广公寺。"

## 5. 献文帝拓跋弘（7座）
## （466年丙午—471年辛亥，共6年）

天安466年丙午—467年丁未

皇兴467年丁未—471年辛亥

### 天宫寺

该佛寺在山西省大同市，为北魏天安元年（466）建置。

方志《山西通志》卷一六九《寺观二·大同府·大同县》记载："天宫寺，元魏天安元年（466）造。"

史籍《魏书》卷一百一十四志第二十《释老志》记载："又于天宫寺，造释迦立像。高四十三尺，用赤金十万斤，黄金六百斤。"

《资治通鉴》卷第一百三十二宋纪十四《太宗明皇帝中》记写有："魏于天宫寺作大像，高四十三尺，用铜十万斤，黄金六百斤。"

佛教典籍《释氏稽古略》卷二记曰："丁未年……魏主始亲国事。改元勤于为治，赏罚严明，拔清节黜贪污，魏国称治。……又于天宫寺作佛像，四十三尺，用铜七万斤，黄金六百斤。"

## 南堂寺

该佛寺在山西省大同市，北魏天安元年（466）建置。

明《大同府志·寺观》记："南堂寺，在府城东南，又号永宁寺，后魏建。内有金石像高一丈八尺，外有九级浮屠，高九十丈，铃铎声闻十里。"《大同府志》卷十八有《题南堂寺》诗，其诗有注，曰："在城东南，今废。"

清《大同县志》记载："南堂寺，在城东南隅，后魏天安元年建，名永宁寺。构七级浮屠，高三百余丈，为天下第一。旧志云，当时有金玉像高一丈八尺，外有九级浮屠，高九十余丈，上刹复高十丈，铃铎声闻十里。后改今名。元初重修。刘秉忠游云中，留居于此。今废。"

清《云中郡志·府城寺》记载："南堂寺，旧府治东南。一名永宁寺，后魏建，当时有金玉像高一丈八尺，外有九级浮屠，高九十余丈，上刹复高十丈，铃铎声闻十里。今废。"

## 永宁寺（甲）

该佛寺在山西省大同市，为北魏天安元年（466）建置。

史籍《魏书》卷一百一十四志第二十《释老志》记载："其岁高祖诞载，于时起永宁寺，构七级浮屠，高三百余尺，基架博敞，为天下第一。"

佛教典籍《广弘明集》卷第二记载:"皇兴元年(467)高祖孝文诞载。于恒安北台起永宁寺七级浮屠,高三百余尺,基架博敞,为天下第一。"

郦道元《水经注》卷十三《漯水》注写:"又南迳永宁七级浮屠西,其制甚妙,工在寡双。又南,远出郊郭,弱柳荫街,丝杨被浦,公私引裂,用周园溉,长塘曲池,所在布濩,故不可得而论也。"

方志乾隆《大同府志》卷一五《祠祀·寺观·大同县》记载:"南堂寺,在城东南隅,后魏天安元年(466)建,名永宁寺。构七级浮屠,高三百余丈,为天下第一。"

方志道光《大同县志》卷五《营建·寺庙》记载:"当时有金玉像一丈八尺,外有九级浮屠,高九十余丈,上刹复高十丈,铃铎声闻十里。后改今名。元初重修,刘秉忠游云中,留居于此。今废。"

永宁寺(乙)

该佛寺在陕西省西安市西北,为北魏皇兴元年(467)建置。

佛教史籍《释氏稽古略》卷二记载:"皇兴元年(467),冯太后还政,魏主始亲国事,改元。勤于为治,赏罚严明,拔清节,黜贪污,魏国称治。于长安北台起永宁寺,塔七级高,三十丈。"

## 鹿野寺

该佛寺在山西省大同市,为北魏皇兴五年(471)建置。

佛教典籍《佛祖统纪》第三十八卷记载:"皇兴元年(467)敕于五级大寺。为太祖以下五帝铸释迦佛五躯,各长丈六,用赤金二十五万斤。……五年(471),帝雅好佛学,每引朝士沙门共谈玄理,有遗世之心。是年昭传位太子,徙居崇光宫,称上皇;建鹿野寺,与禅僧数百习学禅定。"

《魏书》卷一百一十四志第二十《释老志》记载:"高祖践位,显祖移御北苑崇光宫,习览玄籍。建鹿野浮屠于苑中之西山,去崇光右十里,岩房禅唐,禅僧居其中焉。"

《魏书》卷六帝纪第六《显祖献文帝》记载:"皇兴四年(470)……十有二月甲辰,幸鹿野苑石窟。"

## 招隐寺

该佛寺在山西省大同市,为北魏献文帝时(466—471)建置。

佛教典籍《法苑珠林》卷一百《兴福部第五》记载:"魏元氏太祖道武帝,于虏地造十五级塔,又立开泰、定国二寺,写一切藏经，造千金像。三百名僧，每月法集。魏高宗文成帝，重复佛教，更开释门，凡度僧尼三万人。魏显祖献文帝造招隐寺，召坐禅僧。"

## 紫宫寺

该佛寺在山西省大同市，为北魏献文帝时（466—471）建置。

郦道元《水经注》卷十三《漯水》注写："太和殿之东北接紫宫寺，南对承贤门，门南即皇信堂。"《魏书》卷七上帝纪第七上《高祖孝文帝》记载："高祖孝文皇帝，讳宏，显祖献文皇帝之长子，母曰李夫人。皇兴元年（467）八月戊申，生于平城紫宫，神光照于室，天地氤氲，和气充塞。"

紫宫寺为北魏平城宫中佛寺或宫寺合一佛寺。

## 6.孝文帝拓跋宏（47座）
## （471年辛亥—499年己卯，共29年）

延兴 471年辛亥—476年丙辰

承明 476年丙辰（6月改）

太和 477年丁巳—499年己卯

## 石壁元中寺

该佛寺在山西省吕梁市交城县西北石壁中，为北魏延兴二年

（472）建置。

方志《山西通志》卷一六八《寺观一·太原府·交城县》记载："永宁寺，在县西北二十里石壁山，地最幽胜。元魏延兴二年（472）建，名石壁元中寺。太和间（477—499）修，有甘露之应。雁门僧昙鸾，魏主号为神鸾，晚移住寺中。唐太宗幸北京，文德皇后不豫，临寺见僧绰公，诏名山形胜皆表梵刹。开元二十六年（738），僧普公铸铁弥勒像，林谔作诵，房璘妻高氏书碑，书家尤宝之，所谓香奁大令也。贞元十一年（795），建甘露五碍义坛，甘露垂珠草树者三日，李逢吉撰碑，赐名石壁永宁寺。元和间（806—820）甘露又降，赐名龙山石壁永宁禅寺。宋龙潭禅师居寺。"

佛教典籍《续高僧传》卷第六《魏西河石壁谷玄中寺释昙鸾传》记载："释昙鸾，或为峦，未详其氏，雁门人，家近五台山。……内外经籍具陶文理，而于四论佛性弥所穷研，读大集经。……魏主重之，号为神鸾焉。下敕令住并州大寺，晚复移住汾州北山石壁玄中寺。时往介山之阴，聚徒蒸业。今号鸾公岩是也。以魏兴和四年（542）因疾卒于平遥山寺，春秋六十有七。"

该佛寺占地面积六千平方米，现存最古建筑为明万历三十三年（1605）所建之天王殿、七佛殿、千佛阁。四殿三院，逐级升高，依山就势，层层叠置。此外还有钟鼓二楼、南北塔院、祖师殿、鸠鸽殿、接引殿、准提殿及僧舍、禅院、客房、斋堂等建筑散布各处。秋容塔雄峙寺东山岭，为宋代遗物，飞檐斗拱，棂花装修，雕梁画栋，油饰彩画，莫不俱备。

《钦定古今图书集成方舆汇编职方典》第三百一卷《太原府祠庙考·寺观附》记载："永宁寺，在县西北二十里石壁山，建于元魏之延兴二年（472）。太和年间（477—499）修，有甘露之应。唐贞元十一年（795）修，复降甘露，赐名石壁永宁寺。元和七年（812），甘露又降赐名龙山石壁永宁禅寺。明永乐年（1403—1424）累修，并千佛寺入焉。"

### 永安寺

该佛寺在山西省吕梁市交城县，为北魏延兴三年（473）建置。

方志《嘉庆重修一统志》卷一三六《太原府一·寺观》记载："永安寺，在交城县西北二十五里石壁山南，北魏延兴三年（473）建。太和（477—499）中修，有甘露之应。唐贞元十二年（796）重修，甘露复降，赐名石壁永安寺。元和七年（812），甘露又降，赐名龙山石壁永安禅寺。内有甘露坛。殿后东北由石磴而上，有千佛阁，李白书'壮观'二字扁于上。寺后北岩下，有龙潭泉，俗传古龙潭禅师演法于此。"

### 北寺

该佛寺在山西省忻州市五台县,为北魏延兴二年(472)置存。

佛教典籍《佛祖统纪》第三十八卷记载:"(延兴二年)五台北寺法聪律师,为众专讲《四分律》,门人道覆录为义疏(此解《四分律》始)敕思远寺主僧显为沙门都统。"

### 光林寺(甲)

该佛寺在河南省郑州市新密市白寨镇白寨村,为北魏延兴年间(471—476)建置。

咸丰《密县志》卷七《寺观》记载:"光林寺,在王寨保,北魏时建。兴废不一,乾隆十七年(1752)知县奉敕续修。"

光林寺,创建于北魏孝文帝延兴年间(471—476),明万历四十六年(1618)、清乾隆十七年(1752)重修。寺内有明、清重修碑记七通。

《奉敕重修光林寺碑记》记云:"光林寺,创始于拓跋魏,历唐、宋、元、明,迄今一千年,修废者,屡矣。"

《密县志》卷十八《艺文》记载邑进士丁建业撰《重修光林寺碑记》,碑文云:"密治东北光林寺,昉于拓跋魏,一千年来,完废度新，踵事增华，诸凡流连，光景之间，前人述之，备矣。……见佛殿、山门、周围垣墙，几尽倾颓，慨然有重修之志。"

现存山门、伽蓝殿、三官殿及配殿等。

建明寺

该佛寺在山西省大同市，为北魏承明元年（476）建置。

《魏书》卷一百一十四志第二十《释老志》记载："承明元年（476）八月，高祖于永宁寺，设太法供，度良家男女为僧尼者百有余人，帝为剃发，施以僧服，令修道戒，资福于显祖。是月，又诏起建明寺。"

史籍《魏书》卷七上帝纪第七上《高祖孝文帝》记载："承明元年（476）冬十月丁巳，起七宝永安行殿。……辛未，舆驾幸建明佛寺，大宥罪人。"

佛教典籍《释氏稽古略》卷二记载："魏显祖献文帝皇帝，云中造建明寺。四方诸寺一千余所，度僧尼七万七千人。"

龙兴寺

该佛寺在山东省潍坊市寿光市，为北魏承明元年（476）建置。

方志民国《寿光县志》卷三《古迹志·寺观》记载："龙兴寺，在城南十五里东方村北，元魏承明元年（476）建。元县令孟过重修。碑云：有石佛一座，魏洛城令李某施，今无考……清季又增房舍改为高等小学校。"

思远寺

该佛寺在山西省大同市，为北魏太和元年（477）建置。

方志《山西通志》卷一六九《寺观二·大同府·大同县》记载："思远寺，在城北一十五里方山，元魏太祖营垒之处。"

史籍《魏书》卷一百一十四志第二十《释老志》记载："太和元年（477）二月，幸永宁寺设斋，赦死罪囚。三月，又幸永宁寺设会，行道听讲，命中、秘二省与僧徒讨论佛义，施僧衣服、宝器有差。又于方山太祖营垒之处，建思远寺。自正光（520—525）至此，京城内寺新旧且百所，僧尼二千余人，四方诸寺六千四百七十八，僧尼七万七千二百五十八人。"

文献《广弘明集》卷第二十四《帝以僧显为沙门都统诏》记载："今以思远寺主法师僧显，仁雅钦韶，澄风澡境，深敏潜明，道心清亮，固堪兹任。式和妙众，近已□白，可敕令为沙门都统。"

思远佛寺是北魏皇家寺院，以实心体、回廊式大型木塔为中心。大木塔边长18.2米，面穴间距3.3米，进深3米，塔高约36.38米。思远佛寺占地总面积约331.24平方米。

郦道元《水经注》卷十三《漯水》记曰：其"院外西侧，有思远灵图，图之西有斋堂，南门表二石阙，阙下斩山，累结御路，下望灵泉宫池，皎若圆镜矣。如浑水又南至灵泉池"。

## 隆兴寺

该佛寺在山西省长治市沁源县，为北魏太和元年（477）建置。

方志《雍正沁源县志》卷八《古迹·寺观》记载："隆兴寺，在县东北琴峪村。后魏太和元年（477），僧圆珪建。"

方志《万历沁源县志》卷八《寺观》记载："宣德七年（1433），僧觉照重修。"

## 圣水寺

该佛寺在河南省洛阳市洛宁县，为北魏太和二年（478）建置。

方志《河南通志》卷五〇《寺观·河南府》记载："圣水寺，在永宁县冯村保，魏太和二年（478）创建。"

方志民国《洛宁县志》卷二《建置·寺观》记载："有明洪武年间（1368—1398）重修碑记，又万历间（1573—1620）重修。"

河南省考古工作者刘斌博士记写：圣水寺原址位于洛阳市洛宁县县城东北19公里处东宋乡郭庄村荞麦山山腰，荞麦山一直被传为炀帝陵。《河南新志》（1939年版）记载：隋炀帝陵在永宁县东北

（今东宋镇辖区锦阳川上郭村地境内）。炀帝陵墓冢高30米，周长80米，面积2500平方米，呈不规则三棱椎形，规模宏大，气势恢宏，形似龙首，冲天而起，雄视北方。因其状若荞麦仁，当地人称之为"荞麦山"。又因其山上长满翠柏，当地人又称"柏山"。因其半山腰曾建有圣水寺，故山称"香炉山"。但当地人都统称为"杨广墓"。"圣水寺"建在半山腰，寺内有一眼水井，该井任凭天有多旱，用水人再多，仍水势极旺，故称"圣水寺"。

清康熙三十一年（1692）《永宁县志》记载：圣水寺在马村保，魏太和二年（478）建，明洪武年间（1368—1398）重修。隋炀帝和皇后萧氏的合葬墓位于扬州市邗江区西湖镇，2013年被发现。

### 兴圣寺

该佛寺在山西省晋中市介休市，为北魏太和二年（478）建置。

方志乾隆《汾州府志》卷二四《祠庙》记载："兴圣寺，在介休县东四十里上梁村，北魏太和二年（478）建。"

方志乾隆《介休县志》卷三《坛庙》记载："明嘉靖四十一年（1562）重修。"

### 白云寺

该佛寺在山西省晋城市沁水县，为北魏太和六年（482）建置。

方志成化《山西通志》卷五《寺观》记载："白云寺，在沁水县东北一百二十里熊耳山顶。魏太和六年（482）建，元至正十一年（1351）重建。"

觉山寺

该佛寺在山西省大同市灵丘县恒山下，为北魏太和七年（483）建置。

方志《山西通志》卷一六九《寺观二·大同府·灵丘县》记载："觉山寺，在县东南三十里觉山。元魏孝文帝太和七年（483），因报母建，层楼阿阁，连亘山麓，招集方外禅衲五百余众，仍敕六宫侍女长年持月六斋，其精内典者，并度为尼。辽大安五年（1089）八月，镇国大王行猎经此，奏请敕修。"

方志《乾隆大同府志》卷一五《祠祀·寺观·灵丘县》记载："明崇祯三年（1630）重修，郡人王从义记。寺有浮屠高三十丈，塔左山冢上小浮屠高与埒，塔侧一井，亦深三十丈，土人名塔井三奇。山岩构精舍，祀大士，旁侍王者冕服，疑孝文并祀也。"

清光绪年间（1875－1908），龙诚和尚重修。整座寺院精巧玲珑，占地面积8100平方米，各大小禅院134间。

## 嵩阳寺

该佛寺在河南省郑州市登封市嵩山,为北魏太和八年(484)建置。

典籍《洛阳伽蓝记》卷五《城北》记载:"嵩高中有闲居寺、栖禅寺、嵩阳寺、道场寺,上有中顶寺。"

典籍《全后魏文》卷五八阙铭《中岳嵩阳寺碑》记曰:"有大德沙门生禅师,游三空以归真,德香普薰,乃皇帝倾心以师资,朝野望风而屈膝。此山先来未有塔庙,禅师将欲接引四生,永辞沸镬,拯拔群品,远离炎炉;卜兹福地,创立神场,当中岳之要害,对众术之抠耳;乃北背高峰,南临广陌,西带浚涧,东接修林,于太和八年(484)岁次甲子,建造伽蓝,筑立塔殿,布置僧坊,略深梗概。王公卿士,咸发布向之心;凡厥庶民,并欣喜舍之志。司空公裴衍,昔在齐都,钦承师德,愿归中国,为寺檀主,本愿既从,云归□□。禅师乃构千善灵塔一十五层,始就七级,缘差中止。而七层之状,远望则迢亭巍峨,仰参天汉;近视则崔嵬俨嶷,旁魄绝望,自佛法光兴,未有斯壮也。禅师指麾,成之匪日。禅师背后,虽复名工巧匠,无能陟其险峭。"

方志乾隆《登封县志》卷一二引《河南府志》记载:"寺自隋

大业（605—618）已改为观，唐营奉天宫，至五代周（951—959）改道院为书院。宋时（960—1127）称盛，至今不改，仍存嵩阳之名，非复寺观之旧，其事遂千古矣。"

方山石窟寺

该佛寺在山西省大同市，为北魏太和八年（484）建存。

《魏书》卷七上帝纪第七上《高祖孝文帝》记载："孝文帝太和三年（479）六月辛未，……起文石窟、灵泉殿于方山。……八月己亥，幸方山，起思远佛寺。……四年（480）秋七月……甲辰，幸方山。……五年（481）……夏四月己亥，行幸方山，建永固石室于山上，立碑于石室之庭，又铭太皇太后终制于金册，又起鉴玄殿。……六年（482）……三月壬午，幸方山。……七年（483）秋七月甲申，幸方山。……八年（484）夏四月甲寅，幸方山。……秋七月乙未，行幸方山石窟寺。"

普照寺

该佛寺在山西省长治市沁县，为北魏太和十二年（488）建置。

方志《山西通志》卷一七〇《寺观三·沁州》记载："普照寺，在州西开村。北魏太和十二年（488）建，唐元和间（806—820）修，元泰定间（1324—1328）又修，明永乐（1403—1424）、景泰

（1450—1457）、成化（1465—1487）、弘治间（1488—1505）增修，嘉靖十一年（1532）再修，有碑。"

方志乾隆《沁州志》卷九《寺观·沁州》记载："国朝顺治年（1644—1661）重修，雍正四年（1726），僧自恒募修。"

### 晖福寺

该佛寺在陕西省渭南市澄城县李润镇，为北魏太和十二年（488）建置。

方志民国《澄城县附志》卷二《建置·祠庙·寺观》记载："晖福寺，奉禄里北寺村。魏太和十二年（488）建，城东北三十里。内有大代宕昌公碑，今移于城内学校。"1971年移存于西安碑林。

寺内稀存有《大代宕昌公晖福寺碑》，碑首雕蟠螭纹，碑高294厘米，宽90厘米，厚17厘米。碑身别致，碑身下部两侧呈束腰形。大石碑两面刻字，记述了北魏宦官大臣宕昌公王遇修建晖福寺的经过和为孝文帝、冯太后"二皇"祈福的初心本愿。康有为在其《广艺舟双楫》中给予其碑很高评价，赞誉其"书法高简，为丰厚茂密之宗，隶楷之极则。"宕昌公是北魏孝文朝宦官王遇的爵号。他具有非凡的建筑才能，云冈石窟第9窟和第10窟双窟，也是王遇以同样感恩、祈福的初心与本愿为孝文帝、冯太后"二皇"永久纪念的创造性杰作。

《魏书》卷九十四列传第八十二《王遇》记写："王遇，字庆时，本名他恶，冯翊李润镇羌也。……北都方山灵泉道俗居宇及文明太后陵庙，洛京东郊马射坛殿，修广文昭太后墓园，太极殿及东西两堂、内外诸门制度，皆遇监作。"

宕昌公王遇不仅监作了北魏王朝许多纪念性的伟大工程，而且深得孝文帝、冯太后的崇信，其"坐事腐刑……迁散骑常侍、安西将军，进爵宕昌公。拜尚书，转吏部尚书。"北魏一朝，由宦仕吏，无出其右者。

### 崇虚寺（甲）

该佛寺在山西省大同市，为北魏太和十五年（491）建置。

《山西通志》卷五七《寺观二·大同府·大同县》记载："崇虚寺，在城南三里，一名八疙疸。后魏嵩山道士寇谦之，太武始光初（424），奉道书献阙，乃起天师道场于代都东南，重坛五层。……太和十五年（491）八月诏曰'至道无形，虚寂为主。……可移道坛于都南桑乾之阴，岳山之阳，仍名为崇虚寺。'"

典籍《全后魏文》卷二十《立崇虚寺诏》曰："夫至道无形，

虚象为主。自有汉以后，置立坛祠，先朝以其至顺可归，用立寺宇。昔京城之内，居舍尚希，今者里宅栉比，人神猥凑，非所以祗崇至法，清敬神道。可移于都南桑乾之阴，岳山之阳，永置其所。给户五十，以供斋祀之用。仍名为崇虚寺，可召诸州隐士，员满九十人。"

## 永宁寺（丙）

该佛寺在江苏省徐州市丰县，为北魏太和十九年（495）建存。

方志同治《徐州府志》卷一八《古迹考·丰县》记载："兴教寺，旧为永宁寺，在县治东北二百五十步。北齐天保二年（551）改白塔寺，北周天和六年（571）毁。隋开皇元年（581）重立，十三年（593）改道成寺，大业初（605）又废。唐上元间（674—676）重兴，改重光寺，宋大中祥四年复改永宁寺。建中间（780—783）迁东北隅卢绾故宅，金大定间（1161—1189），僧普静修建。元至元间（1264—1294），僧文秀重修，大德时（1297—1307），僧法澍屡葺。明洪武间（1368—1398），僧仲通改为今寺。河决寺废，知县任惟贤重建于县西北隅，顺治十年（1653），邑人渠燥撤旧殿重修，今废。"

史籍《魏书》卷一百一十四志第二十《释老志》记载："（太

和）十九年（495）四月，帝幸徐州白塔寺。顾谓诸王及侍官曰：'此寺近有名僧嵩法师，受《成实论》于罗什，在此流通。后授渊法师，渊法师授登、纪二法师。朕每玩《成实论》，可以释人染情，故至此寺焉。'"

### 太平寺

该佛寺在河北省石家庄市正定县，为北魏太和年间（477—499）建置。

方志乾隆《正定府志》卷九《寺观·正定府》记载："太平寺，在城北，魏太和中（477—499）建。"

### 宕昌寺

该佛寺在山西省忻州市五台县，为北魏太和年间（477—499）建置。

文献《广清凉传》卷上记载："宕昌寺，佛光东北四五里，迢峣冈峦，寺庙幽邃。世传昔宕昌王造佛光寺，安止于此，因以名焉。"

史籍《魏书》卷七上帝纪第七上《高祖孝文帝》记载："太和二年（478）春……三月丙子，以河南公梁弥机为宕昌王。"太和十六年（492），另一位宕昌王于孝文帝太和"十有六年（492）……

丙午，宕昌王梁弥承来朝"（《魏书》卷七下帝纪第七下《高祖孝文帝》）。

《广清凉传》卷上记曰："古十寺：大孚灵鹫寺、王子寺、灵峰寺、饭仙寺、天盆寺、清凉寺、石窟寺、佛光寺、宕昌寺、楼观寺。"

### 光林寺（乙）

该佛寺在北京市，为北魏孝文帝时（471—499）建存。

佛教典籍《续高僧传》卷第二十八《隋京师仁觉寺释宝岩传》记载："释宝岩，幽州人。……住京下仁觉寺。守道自娱，无事交厚。仁寿（601—604）下敕，召送舍利于本州弘业寺，即元魏孝文之所造也，旧号光林。依峰带涧，面势高敞，多挟征异，事遵清肃，故使行僻之徒，必致惊悚，由斯此众，滥迹希过。"

方志《嘉庆重修一统志》卷二《京师二·寺观》记载："天安寺，在广安门外。元魏光林旧刹，隋为宏业，唐为天王，金为大万安，明宣德中（1426—1435）更今名。本朝乾隆二十一年（1756）修，有高宗纯皇帝御制碑文，并御书殿额，曰常清净法，曰觉路慈缘。寺中浮屠高十余丈，隋开皇时（581—600）建，今尚存。"

## 安养寺

该佛寺在河北省邯郸市临漳县，为北魏孝文帝时（471—499）建置。

佛教典籍《释迦方志》卷下记载："魏高祖孝文帝，于邺造安养寺，召四方僧。六宫侍女皆持年三月六斋，有慕道者，放令出家。手不释卷，顷便为讲为。先皇再治大觉大行供施，度僧尼一万四千人。"

## 同升寺

该佛寺在山西省大同市，为北魏时（386—534）建置。

方志《析津志》辑录《大金西京武州山重修大石窟寺碑》碑文记载："西京大石窟寺者，后魏之所建也。凡有十名：一通示（乐），二灵岩，三鲸崇，四镇国，五护国，六天宫，七崇教（福），八童子，九华严，十兜率。"

方志成化《山西通志》卷五《寺观》记载："石窟十寺，在大同府城西三十五里。后魏时建，始于神瑞（414—416），终于正光（520—525），凡七帝，历百十有一年。其寺：一同升，二灵光，三镇国，四护国，五崇福，六童子，七能仁，八华严，九天宫，十兜率。寺内有元载所修石佛二十龛。金皇统间（1141—1149）修。"

雍正《朔平府志》记曰："左云县石佛寺，在县东九十里云冈堡，又名佛窟山。传自后魏拓跋氏时，始于神瑞，终于正光，凡七帝，历百十余年，规模甚宏。原寺十所，一曰同升，二曰灵光，三曰镇国，四曰护国，五曰崇福，六曰童子，七曰能仁，八曰华严，九曰天宫，十曰兜率。"

方志《嘉庆重修一统志》卷一四六《大同府·寺观》记载："石窟十寺壁立千仞，石窟千孔，佛像万尊。本朝顺治八年（1651），总督佟养量重修。其山最高处曰云冈，冈山建飞阁三重，阁前有世祖章皇帝御书'西来第一山'五字。康熙三十五年（1696），圣主仁皇帝西征幸寺中，赐御书'庄严法相'匾额。"

《钦定古今图书集成方舆汇编职方典》第三百四十六卷《大同府祠庙考》记载："石窟十寺，在府治三十里，元魏建，始神瑞终正光，历百年而工始完其寺。一同升、二灵光、三镇国、四护国、五崇福、六童子、七能仁、八华严、九天宫、十兜率，内有元载所修石佛十二龛，壁立千仞，面面如来。"

灵光寺

该佛寺在山西省大同市，为北魏时（386—534）建置。

文献参见方志成化《山西通志》卷五。

参见"同升寺"条。

### 镇国寺

该佛寺在山西省大同市，为北魏时（386—534）建置。

文献参见方志《析津志》、成化《山西通志》卷五、《嘉庆重修一统志》和《钦定古今图书集成方舆汇编职方典》。

参见"同升寺"条。

### 护国寺

该佛寺在山西省大同市，为北魏时（386—534）建置。

文献参见方志《析津志》、成化《山西通志》卷五、《嘉庆重修一统志》和《钦定古今图书集成方舆汇编职方典》。

参见"同升寺"条。

### 崇福寺（甲）

该佛寺在山西省大同市，为北魏时（386—534）建置。

文献参见方志《析津志》、成化《山西通志》卷五、《嘉庆重修一统志》和《钦定古今图书集成方舆汇编职方典》。

参见"同升寺"条。

### 童子寺

该佛寺在山西省大同市，为北魏时（386—534）建置。

文献参见方志《析津志》、成化《山西通志》卷五、《嘉庆重修一统志》和《钦定古今图书集成方舆汇编职方典》。

参见"同升寺"条。

### 能仁寺

该佛寺在山西省大同市，为北魏时（386—534）建置。

文献参见方志《析津志》、成化《山西通志》卷五、《嘉庆重修一统志》。

参见"同升寺"条。

### 华严寺

该佛寺在山西省大同市，为北魏时（386—534）建置。

文献参见方志《析津志》、成化《山西通志》卷五、《嘉庆重修一统志》和《钦定古今图书集成方舆汇编职方典》。

参见"同升寺"条。

### 兜率寺

该佛寺在山西省大同市，为北魏时（386—534）建置。

文献参见方志《析津志》、成化《山西通志》卷五、《嘉庆重修一统志》和《钦定古今图书集成方舆汇编职方典》。

参见"同升寺"条。

## 通乐寺

该佛寺在山西省大同市,为北魏时(386—534)建置。

佛教典籍《续高僧传》卷第一《魏北台石窟寺恒安沙门释昙曜传三》记载:"释昙曜,未详何许人也。少出家,摄行坚贞,风鉴闲约。以元魏和平年(460—465),住北台昭玄统,绥缉僧众,妙得其心。住恒安石窟通乐寺,即魏帝之所造也。"

## 灵岩寺(甲)

该佛寺在山西省大同市,为北魏时(386—534)建置。

佛教典籍《续高僧传》卷一《魏北台石窟寺恒安沙门释昙曜传三》记载:"去恒安西北三十里,武州山谷北面石崖,就而镌之,建立佛寺,名曰灵岩。龛之大者,举高二十余丈,可受三千许人。面别镌像,穷诸巧丽。龛别异状,骇动人神。栉比相连,三十余里。"

佛教典籍《广弘明集》卷第二记载:"沙门昙曜,帝礼为师,请帝于京西武州西山石壁,开窟五所,镌建佛像各一,高者七十尺,次六十尺,雕饰奇伟,冠于万代。今时见者传云:'谷深三十里,东为僧寺,名曰灵岩,西头尼寺,各凿石为龛,容千人。'"

《水经注》卷十三《㶟水》注写:"武州川水又东南流,水侧有石祇洹舍并诸窟室，比丘尼所居也。其水又东转，迳灵岩南，凿石开山，因岩结构，真容巨壮，世法所稀。山堂水殿，烟寺相望，林渊锦镜，缀目新眺。川水又东南流出山。"

方志《山西通志》卷一六九《寺观二·大同府·大同县》记载："灵岩寺，在城西武州塞。"

### 皇舅寺

该佛寺在山西省大同市，为北魏时（386—534）建置。

方志《嘉庆重修一统志》卷一四六《大同府·寺观》记载："皇舅寺，在大同县东南。"

典籍《水经注》卷十三《漯水》记载："桑干枝水又东流……又南迳皇舅寺西，是太师昌黎王冯晋国所造，有五层浮屠。其神图像皆合青石为之，加以金银火齐，众彩之上，炜炜有精光。又南迳永宁七级浮屠西"。

《魏书》卷八十三列传外戚第七十一上《冯熙》记曰："冯熙，字晋昌，长乐信都人，文明太后之兄也。……熙为政不能仁厚，而信佛法，自出家财，在诸州镇建浮屠精舍，合七十二处，写一十六部一切经。延致名德沙门，日与讲论，精勤不倦，所费亦不赀。"

清凉寺（甲）

该佛寺在山西省忻州市五台县，为北魏孝文帝时（471—499）建置。

典籍《古清凉传》卷上记载："中台南三十余里，在山之麓有通衢，乃登台者常游此路也。傍有石室三间，内有释迦、文殊、普贤等像。……石堂之东南相去数里，别有小峰，上有清凉寺，魏孝文所立，其佛堂尊像于今在焉。"

《清凉山志》卷二记载："中台南四十里，元魏孝文（471—499）建。历代以来不废修饰，唐宋皆设僧正司。祝颢诗：'后岭前峰迭送迎，景多目眩乱吟情。青山影里僧家住，绿树荫中客骑行。流水洗心尘垢净，凉风吹发梦魂清。山高已见诸天近，明日登临见化城。'"

方志《山西通志》卷一七一《寺观四·代州·五台县》记载："元至元二年（1265）重建。明洪武间（1368-1398）置僧会司，并佛光藏头寺入焉。"

方志《嘉庆重修一统志》卷一五一《代州直隶州·寺观》记载："本朝康熙中（1662—1722），御题额二，曰水晶域，曰心会真如。下有雪浪亭，为登山必由之径。寺有清凉石，其石可转，寺僧遂谓顶礼心诚者能扛动此石，盖不必然也。乾隆十六年（1741）于寺改修精舍，以供宸憩，御书二额，曰菩提不染，曰清凉法荫。"

《钦定古今图书集成方舆汇编职方典》第三百一卷《太原府祠庙考·寺观附》记载："清凉寺，在县东北八十里，魏孝文帝（471—499）建。旧《一统志》云：即佛书所谓文殊现像之地。元至元二年（1265）重建，明洪武间（1368—1398）置僧会司，并佛光藏头寺入焉。"

《广清凉传》记曰："清凉寺，依山立名，托居岩侧，前通涧壑。上接云霓长安二年五月十五日，建安王仕并州刺史，奏重修葺，敕大德感法师，亲谒五台。山以七月二十日，登台之顶，僧俗一千余人，同见五色云中。"

日僧圆仁《入唐求法巡礼行记》记写清凉谷岭的清凉寺云："此五台山，都号清凉山，山中造寺，此寺最初，故号清凉寺。"

### 圣福寺

该佛寺在山西省忻州市五台县，为北魏孝文帝时（471—499）建置。

方志《山西通志》卷一七一《寺观四·代州·五台县》记载："后魏孝文帝建圣福、赤崖、法华、殊公四寺，胥在仙花山阳。"

### 殊公寺

该佛寺在山西省忻州市五台县，为北魏孝文帝时（471—499）建置。

文献《广清凉传》记载："古寺九：娑婆寺、殊公寺、郭麽寺、嵌岩寺、浮屠寺、高岭寺、石台寺、小柏寺、赤崖寺。"

见于《山西通志》卷一七一。

参见"圣福寺"条。

### 法华寺

该佛寺在山西省忻州市五台县，为北魏孝文帝时（471—499）建置。

文献《广清凉传》记载："今益寺三：福圣寺、灵境寺、法华寺。"

见于《山西通志》卷一七一。

参见"圣福寺"条。

### 赤崖寺

该佛寺在山西省忻州市五台县，为北魏孝文帝时（471—499）建置。

见于《山西通志》卷一七一。

参见"圣福寺"条。

### 嵌岩寺

该佛寺在山西省忻州市五台县,为北魏孝文帝时(471—499)建置。

明万历年间方志《清凉山志》卷二记载:"嵌岩寺,台南六十里,元魏孝文帝建。"

嵌岩寺属五台山佛寺建筑群中南台外九寺之一(嵌岩寺、兰若寺、公主寺、三圣寺、南禅寺、正觉寺、西明寺、双泉寺、秘密寺),是五台山佛寺群中唯一佛道两教合一的寺院。

寺院占地约1073平方米,坐北朝南,中轴线上建筑有天王殿、文殊殿、大雄宝殿,院落东西有配殿,分别为伽蓝殿、地藏殿,照壁两旁有钟楼和鼓楼。

方志《山西通志》卷一七一《寺观四·代州·五台县》记载:嵌岩寺,"在仙花山阳"。

### 大浮屠寺

该佛寺在山西省忻州市五台县台怀镇,为北魏孝文帝时(471—499)建置。

典籍《古清凉传》卷上记载:"大浮屠寺,寺本元魏文帝所立。

帝曾游止，具奉圣仪，爰发圣心，创兹寺宇。孚者，信也，言帝既遇非常之境，将弘大信。且今见有东西二堂，像设存焉。其余廊庑基域，仿佛犹存。……寺南有花园，可二三顷许，沃壤繁茂，百品千名，光彩晃曜，状同舒锦，即魏孝文之所种也。土俗云其花夏中稍茂，盖未是多，至七月十五日，一时具废，经停七日，飒而齐凋。但以幽险难寻故，使见之者寡矣。"

《古清凉传》《广清凉传》记载："元魏孝文，北台不远，常年礼谒。"

方志《山西通志》卷一七一《寺观四·代州·五台县》记载："大宝塔院寺，在显通之南五峰之中，有阿育王所置佛舍利塔及元魏时文殊发塔，因以为名。明永乐壬午（1402），敕太监杨昇重建佛舍利塔，五年建寺；万历七年（1579），慈圣太后敕遣太监范江、李友重修，并建释迦文殊舍利宝塔，张居正撰碑。……国朝圣祖仁皇帝敕赐御书匾额二，曰景标清汉，后阁曰金栗如来像。"

大浮屠寺坐北朝南，由殿院和禅堂僧舍组成，中轴线上有影壁、牌坊、石阶、周门、山门、钟鼓楼、天王殿、大慈延寿宝殿、塔殿藏经阁，以及山海楼、文殊发塔等建筑，殿堂楼房130余间，占地面积15000平方米。寺有大白塔，始建于元大德六年（1302），由尼泊尔匠师阿权尼哥设计建造，将以前的慈寿塔置于大塔腹中。建成后，初为显通寺塔院，明永乐五年（1407），敕重修此塔并独立起寺，万历年间（1573—1620），李太后令重建。1952年，塔院修旧一新。1983年，被国务院确定为汉族地区佛教全国重点寺院。

### 佛光寺

该佛寺在山西省忻州市五台县，为北魏孝文帝时（471—499）建置。

典籍《古清凉传》卷上记载："南台灵境寂寞，故人罕经焉。台西有佛光山，下有佛光寺，孝文所立。有佛堂三间，僧舍十余间，尊仪肃穆，灵泉清茂。"

方志《清凉山志》卷二记载："佛光寺，台西南四十里，元魏孝文建。帝见佛光之瑞，因为名。"

《钦定古今图书集成方舆汇编职方典》第三百一卷《太原府祠庙考·寺观附》记载："佛光寺，在县西南四十里，魏文帝见佛光之瑞，因名。唐解脱和尚于此藏修。"

敦煌莫高窟第61窟五代时所画《五台山》壁画中，就绘有现今五台山大佛光寺之图景。

五台山民间广泛流传有："先有佛光寺，后有五台山。"

梁思成赞叹:"佛光寺一寺之中,寥寥数塔,凡均为国内建筑孤例,佛殿(即东大殿)建筑物,自身已为唐构,乃更蕴藏唐原塑画墨迹于其中,四艺萃聚,实物遗迹中,诚属奇珍。"

大布寺

该佛寺在山西省忻州市五台县,为北魏孝文帝时(471—499)建置。

佛教典籍《续高僧传》卷第二十《唐蔚州五台寺释昙韵传》记载:"五台山者,即《华严经》清凉山也,世传文殊师利常所住处,古来诸僧多入祈请,有感见者具蒙示教。昔元魏孝文,尝于中台置大布寺。帝曾游止,具奉圣仪。"

望海寺

该佛寺在山西省忻州市五台县,为北魏时(386—534)建置。

方志《山西通志》卷一七一《寺观四·代州·五台县》记载:"望海寺,在东台顶,元魏时建。"

方志《嘉庆重修一统志》卷一五一《代州直隶州·寺观》记载:"康熙二十一年(1682),法帑重建,御制碑文,御书额二,曰自在,曰般若原。乾隆十四年(1749)重修,御制碑文,御书额二,曰霞表天城,曰华严真境。"

### 金河禅寺

该佛寺在河北省蔚县,为北魏太和年间(477—499)建置。

蔚县金河禅寺内明代正统五年庚申年(1440)《敕赐金河禅寺碑》记载:"北魏文帝太和年间(477—499)有僧……登览者多甃塔其上……至大金承安(1196—1200)泊元大德有僧智满……国朝顺圣川督牧御马中贵阮公普崇素尚佛……助以木材……内侍太监王公奏之,敕赐金河禅寺,复赐大藏经宝一藏。"

康熙二十三年(1684)《重修金河寺碑》记载:"佛生西域……北魏太和中(477—499)文殊历经至此乃建道场,至明正统庚申(1440)历数百年,敕赐金河寺迄今一刹那间,而废于者五,火焚者三,其间修建基址,募化功德,大清己丑年(1649)复遭回禄,遂成煨尽,寺焚僧散,有本寺九代孙性露有故宫黍离之思。苦志募舍化,坚心叩控刑部尚书,魏象桓捐奉舍粟,塞上农叟李云华助资施金,善女芳门李氏助资施木,并从善人捐助不等,重建金河寺。"

《辽史》卷十三本纪第十三《圣宗四》记载:辽圣宗统和十年(992)九月圣宗耶律隆绪,"幸五台山金河寺饭僧"。正统五年(1440)《敕赐金河禅寺碑》碑又记:"重建正殿五间,高三丈七尺,深如高之数,四丈有五尺。"

可见，位于蔚县小五台山北台之巅的金河禅寺，在辽代已变成一所皇家寺院，成为一方远近闻名的佛教寺院。

### 小石浮屠寺

该佛寺位于山西省忻州市五台县，为北魏孝文帝时（471—499）建置。

《法苑珠林》记载：五台山"中台最高，去顶七百里，望如指掌。上有小石浮屠，其量千计。即是魏文帝宏所立也"。

### 碧山寺

该佛寺坐落于山西省忻州市五台山台怀镇东北，为北魏孝文帝时（471—499）建置。

佛教史书《佛祖统纪》第三十八卷记载："五台北寺法聪律师为众专讲《四分律》，门人道覆录为义疏。此解《四分律》始。"

《佛祖历代通载》卷七记：北魏太和年间（477—499），法聪律师于此开讲《四分律》。

碧山寺始名北山寺，明成化年间（1465—1487）重修，名为普济寺。清乾隆三十七年（1772）重修，易名碧山寺，为五台山最大的十方禅寺。寺院前后两进院落，坐北朝南。戒坛殿是前院的主殿，也是五台山唯一的戒坛，是佛教僧徒的受戒之地，其戒坛之基为早期遗物。

## 二、北魏洛阳时代的时序与佛寺（226座）

### 1. 孝文帝元宏（9座）
（494年甲戌—499年己卯，共6年）

太和494年甲戌—太和499年己卯

**少林寺**

该佛寺在河南省郑州市登封市嵩山，为北魏太和十九年（495）建置。

史籍《魏书》卷一百一十四志第二十《释老志》记载：太和十九年（495）"有西域沙门名跋陀，有道业，深为高祖所敬信。诏于少室山阴，立少林寺而居之，公给衣供"。

佛教典籍《景德传灯录》第三卷记载："第二十八祖菩提达摩者，南天竺国香至王第三子也。姓刹帝利，本名菩提多罗。后遇二十七祖般若多罗，至本国受王供养，知师密迹。……具大舟，实以众宝，躬率臣寮，送至海壖。师泛重溟，凡三周寒暑，达于南海，实梁普通八年丁未岁（527）九月二十一日也。广州刺史萧昂具主礼迎接，表闻武帝。帝览奏，遣使赍诏迎请，十月一日至金陵。帝问曰：'朕即位以来，造寺写经度僧不可胜记，有何功德？'师曰：'并无功德。'帝曰：'何以无功德？'师曰：'此但人天小果，有漏之因。如影随形，虽有非实。'帝曰：'如何是真功德？'答曰：'净智妙圆，体自空寂。如是功德，不以世求。'帝又问：'如何是圣谛第一义？'师曰：'廓然无圣。'帝曰：'对朕者谁？'师曰：'不识。'帝不领悟，师知机不契。是月十九日，潜回江北。十一月二十三日，届于洛阳，当后魏孝明太和十年（486）也（当云后魏孝明正光元年〔520〕也。若据太和十年〔486〕乃后魏文帝时。是年，即南齐武帝永明四年丙寅岁也）。寓止于嵩山少林寺，面壁而坐，终日默然。人莫之测，谓之壁观婆罗门。"

《释氏稽古略》卷二记载："西天二十八祖，东土初祖菩提达磨尊者南天竺国香至王第三子。姓刹帝利，本名菩提多罗。二十七祖般若多罗至其国，受其父王供养。……既而念震旦缘熟行化时至，辞于侄王。王为具大舟，实以珍宝泛重溟，三周寒暑达于南海。……梁普通元年（520）……次年（521）十月一日至建康。……是月十九日潜之江北，十一月二十三届洛阳。当魏孝明帝正光二年（521）也，寓止嵩山少林寺，面壁而坐。"

典籍《河南府图经志·寺观》记载："少林寺在登封县西北二十六里少室山北麓。按大藏《广弘明集》及唐碑，后魏孝文帝与高僧拔陀之所创也。至梁普通（520—527）中，有达摩禅师，自西域航海而来，至于金陵凤凰台，与武帝对问不契，即折芦渡江来居此，面壁九年。有僧神光立雪齐腰，求安心法，即斯处也。今有面壁石洞存焉，又有立雪庭、面壁庵，皆是遗迹也。前山曰少室，旁有名城峰，其顶有二祖庵，院有四井，传为二祖卓锡泉，此又隐居之所。周武纳元嵩之说，禁释氏之教，寺因而废。隋文启祚复兴，改为陟岵。至唐复名曰少林，历五代、金、宋，兴废不一，廊宇尚存。"

方志《嘉庆重修一统志》卷二〇七《河南府二·寺观》记载："内有唐武德初（618）秦王告少林寺主教碑，开元中裴漼所书碑。沈佺期、宋之问皆有少林寺应制诗。寺东廊后有秦槐，相传秦时封为五品。寺右有面壁石，西北三里有面壁庵，即达摩面壁九年处。本朝雍正十三年（1735）修，乾隆十五年（1750），高宗纯皇帝巡幸嵩洛，驻跸寺内，有御制《少林寺作》《题面壁石》《宿少林用唐沈佺期韵》诸诗，并御书行宫匾额曰'秀挹嵩云'，初祖殿额曰'雪印心珠'，佛殿额曰'香岩云梵'，毗卢殿额曰'法印高提'，达摩殿额曰'最胜觉场'及诸对联。"

河南省考古工作者刘斌博士记写：该寺因坐落于嵩山腹地少室山茂密丛林之中，故名少林寺。始建于北魏太和十九年（495），是孝文帝为了安置他所敬仰的印度高僧跋陀尊者，在与都城洛阳相望的嵩山少室山北麓敕建而成。少林寺常住院占地面积约57600平方米，少林寺是世界著名的佛教寺院，是汉传佛教的禅宗祖庭，在中国佛教史上占有重要地位，被誉为"天下第一名刹"。其因历代少林武僧潜心研创和不断发展的少林功夫而名扬天下，素有"天下功夫出少林，少林功夫甲天下"之说。

北魏宣武帝延昌二年（513），稠禅师继初祖印度高僧跋陀，成为少林寺的二祖和第一个武僧。唐代《嵩岳少林寺碑》记写："稠禅师，探求正法，住持塔庙。"明代《少林寺德心政公和尚灵塔记》记曰："钵陁开基，稠禅继续。"

稠禅师"筋骨强劲，拳捷骁武"，唐张鹭《朝野佥载》卷二言："北齐稠禅师，邺人也。幼落发为沙弥，时辈甚众，每休假，常角力，腾越为戏。"唐道宣《续高僧传》言其："闻两虎交斗，咆响震岩，乃以锡杖中解，各散而去。"唐《重修定晋禅院千佛邑碑》记写："有虎（至）庵前，师（稠禅师）乃以手约杖驱，而皆弭伏。"

由此可见，其武功高强，住持少林寺后，从此开创了少林寺僧人的习武之风，逐渐形成少林武术学派，名冠天下。

永平元年（508），印度高僧勒拿摩提和菩提流支先后到少林寺开辟译场，在少林寺西台舍利塔设立翻经堂翻译经书。之后，慧光在少林寺弘扬《四分律》，经多代发展，后世最终形成中国化佛教的重要学派——四分律宗。

北魏孝明帝孝昌三年（527），释迦牟尼佛第二十八代徒菩提达摩来到少林寺，他在跋陀尊者开创的基础上，广集信徒，传授禅宗。东魏孝静帝天平三年（536）传法于慧可，从此禅学在少林寺落迹流传。

在南北朝佛教发展的高峰期，北周武帝采纳还俗沙门卫元嵩"删寺减僧"的建议，在建德三年（574）下令禁止佛教流传，史称北周武帝灭佛，少林寺毁坏严重。

北周大象二年（580），北周静帝恢复少林寺，将其名改为陟岵寺。

隋文帝崇佛，复改陟岵寺为少林寺，并赐给少林寺土地一百顷，再加上其他赏赐，少林寺成为拥有百顷良田和庞大寺产的大寺院。

唐初（621），少林寺十三和尚因助唐有功，受到唐太宗的封赏赐田千顷，水碾一具，并称少林僧人为僧兵。《皇唐嵩岳少林寺碑》和《少林寺新造厨库记》皆有记表。从此，少林寺名扬天下，被誉为"天下第一名刹"。

至唐宋年间，少林寺拥有土地14000多亩，寺基540亩，殿阁5000余间，僧徒达2000多人。达摩开创的禅宗教派在唐朝兴盛，是唐代佛教最大宗派。

宋仁宗庆历五年（1045），庆历新政失败后，留心空宗者始于汴京（今河南开封）设立禅院。

北宋元祐八年（1093）前后，报恩禅师在少林寺弘扬曹洞宗风，终使少林寺"革律为禅"。

元代初，世祖命福裕和尚住持，统领嵩岳一带所有寺院，并执掌元朝官府所设最高僧人管理机构都僧省，总领全国佛教事务。福裕和尚住持少林寺期间，创建了钟楼、鼓楼，增修了廊庑库厨，僧徒云集，少林寺得到中兴，拥有众多分院和下院的广大佛寺群，不仅分布范围广，光是卜院的数量就多达22个。

### 报德寺（甲）

该佛寺在山西省大同市，为北魏太和四年（480）建置。

史籍《魏书》卷一三列传第一《皇后》记载："文成文明皇后冯氏，长乐信都人也。……承明元年（476），尊曰太皇太后，复临朝听政。太后性聪达，自入宫掖，粗学书计。及登尊极，省决万机。高祖诏曰：'朕以虚寡，幼纂宝历，仰恃慈明，缉宁四海，欲报之德，正觉是凭，诸鸷鸟伤生之类，宜放之山林。其以此地为太皇太后经始灵塔。'于是罢鹰师曹，以其地为报德佛寺。太后与高祖游于方山，顾瞻川阜，有终焉之志，因谓群臣曰：'舜葬苍梧，二妃不从。岂必远祔山林，然后为贵哉！吾百年之后，神其安此。'高祖乃诏有司营建寿陵于方山，又起永固石室，将终为清庙焉。"

《魏书》卷一百一十四志第二十《释老志》记载："承明元年（476）八月，高祖于永宁寺，设太法供，度良家男女为僧尼者百有余人，帝为剃发，施以僧服，令修道戒，资福显祖。是月，又诏起建明寺。太和元年（477）二月，幸永宁寺舍斋，赦死罪囚。三月，又永宁寺设会，行道听讲，命中、秘二省与僧徒讨论佛义，施僧衣服、宝器有差。又于方山太祖营垒之处，建思远寺。自兴光（454—455）至此，京城内寺新旧且百所，僧尼二千余人，四方诸寺六千四百七十八，僧尼七万七千二百五十八人。四年（480）春，诏以鹰师为报德寺。"

## 龙巢寺

该佛寺在河南省南阳市淅川县，为北魏太和年（477—499）建存。

咸丰十年（1860）《淅川厅志·寺观》记载："龙巢寺，在城东三十里。魏太和初（477），僧德皎创建，因有龙巢于此，故名。今窟尚在，欧阳公有记。"

《钦定古今图书集成方舆汇编职方典》第四百五十七卷《南阳府祠庙考》记载："龙巢寺，在县东三十里，魏太和初（477）建，有欧阳永叔记。"

河南省考古工作者刘斌博士记写：龙巢寺位于河南淅川老城镇险峰村，据淅川老城13公里。龙巢寺兴建于北魏太和年间，初名叫马引山寺。北宋时，有术士发现此地有龙巢，故改名为"龙巢寺"。该寺茂林修竹，古木参天，殿堂馆舍，气宇轩昂，为旧时淅川县一大名胜。寺内有欧阳修读书处碑。相传，欧阳修之父在关中做小官，死于任上，欧阳修随舅父郑生赴关中搬运灵柩，到老城险峰村处盘缠用尽，只好接住龙巢寺。慨叹龙巢寺山清水秀，环境幽雅，适宜读书，因此就常住下来，潜心苦读，到学成而去。后人曾在该寺建欧阳文忠公祠，并立欧阳修读书处碑以作纪念。后几度兴废，至明代、礼部侍郎、淅川老城安洼村籍人彭凌霄主持重修，并留下《重修欧阳文忠公祠》诗篇。老城一带的人家至今都以欧阳修读书处劝勉学子发奋读书，建功立业。1971年因丹江水库开始蓄水，水位上涨，寺庙被拆。

### 般若寺

该佛寺在河南省洛阳市东北汉魏故城，为北魏孝文帝时（471—499）建置。

佛教典籍《释迦方志》记载："魏文帝造般若寺，用给贫老，口诵《法华》，身持佛戒。"

典籍《洛阳伽蓝记》卷二《城东》记载："有一比丘是般若寺道品，以诵四十卷《涅槃》，亦升天堂。……城东有宝明寺，城内有般若寺，城西有融觉、禅林、灵觉等三寺。问智圣、道品、昙谟最、道弘、宝明等，皆实有之。"

### 凝圆寺

该佛寺在河南省洛阳市东北汉魏故城，为北魏孝文帝时（471—499）建置。

典籍《洛阳伽蓝记》卷五《城北》记载："凝圆寺，阉官济州刺史贾璨所立也，在广莫门外一里御道东，所谓永平里也，即汉太上王庙处。迁京之初，创居此里，值母亡，舍以为寺。地形高显，下临城阙。房庑精丽，竹柏成林，实是净行息心之所也。王公卿士来游观，为五言者，不可胜数。"

## 修定寺

该佛寺在河南省安阳西北清凉山，为北魏孝文帝太和年间（477—499）建置。

唐代开元七年（719）玄昉《大唐邺县修定寺传记碑》记载："修定寺者，后魏兰若沙门释僧猛之所立也，法师俗姓张氏。"

《安阳县志》记写："北魏孝文帝太和十七年（493），十月，癸卯，孝文帝南巡至邺。"唐代开元三年（715）《相州邺县天城山修定寺碑》记曰："魏太和十七年（493）孝文帝猎于此山。"

北齐时，改名为合水寺，隋代又改称为修定寺，并沿用至今。

## 崇虚寺（乙）

该佛寺在河南省洛阳市东北汉魏故城，为北魏孝文帝时（471—499）建置。

典籍《洛阳伽蓝记》卷三《城南》记载："崇虚寺，在城西，即汉之濯龙园也。延熹九年（166），桓帝祠老子于濯龙园，设华盖之座，用郊天之乐，此其地也。高祖迁京之始，以地给民，憩者多见妖怪，是以人皆去之，遂立寺焉。"

### 北邙寺

该佛寺在河南省洛阳市，为北魏孝文帝时（471—499）建置。

史籍《魏书》卷八十三上列传外戚第七十一上《冯熙》记载："冯熙字晋昌，长乐信都人，文明太后之兄也。……熙生于长安……及长，游华阴、河东二郡间。性汜爱，不拘小节，人无士庶，来则纳之。熙姑先入掖庭，为世祖左昭仪。妹为高宗文成帝后，即文明太后也。使人外访，知熙所在，徵赴京师，拜冠军将军，赐爵肥如侯。尚恭宗女博陵长公主，拜驸马都尉。出为定州刺史，进爵昌黎王。显祖即位，为太傅，累拜内都大官。……熙为政不能仁厚，而信佛法，自出家财，在诸州镇建浮屠精舍，合七十二处，写一十六部一切经。延致名德沙门，日与讲论，精勤不倦，所费亦不赀。而在诸州营塔寺多在高山秀阜，伤杀人牛。有沙门劝止之，熙曰：'成就后，人唯见浮屠，焉知杀人牛也。'其北邙寺碑文，中书侍郎贾元寿之词。高祖频登北邙寺，亲读碑文，称为佳作。"

### 王南寺

该佛寺在河南省洛阳市东北汉魏故城，为北魏孝文帝时（471—499）建存。

典籍《洛阳伽蓝记·序》曰:"城西有王南寺,高祖数诣寺与沙门论议。"

方志《河南志》卷三《承明门》记载:"迁京之始,宫阙未就,孝文帝徙金墉城。城西有王南寺,数临幸焉。"

## 2.宣武帝元恪(31座)
## (500年庚辰—515年乙未,共16年)

景明500年庚辰—503年癸未

正始504年甲申—508年戊子

永平508年戊子—512年壬辰

延昌512年壬辰—515年乙未

### 景明寺(甲)

该佛寺在山西省大同市,为北魏景明元年(500)建置。

方志《山西通志》卷一六九《寺观二·大同府·大同县》记载:"景明寺,内有浮屠,元魏景明初(500)建。"

### 报德寺(乙)

该佛寺在河南省洛阳市汉魏故城,为北魏太和二十一年(497)建置。

方志《乾隆续河南通志》卷一七《舆地志·寺观·河南府》记载："报德寺，在洛阳开阳门外三里。高祖孝文帝创建，为冯太后造福。"

佛教典籍《佛祖统纪》第三十八卷记载："二十一年（497），诏为太后建报德寺，为罗什法师于所居旧堂建三级浮屠。"

《洛阳伽蓝记》卷三《城南》记载："报德寺，高祖孝文皇帝所立也，为冯太后追福，在开阳门外三里。开阳门御道东有汉国子学堂。堂前有《三种字石经》二十五碑，表里刻之。写《春秋》《尚书》二部，作篆、科斗、隶三种字，汉右中郎将蔡邕笔之遗迹也。犹有十八碑，余皆残毁。复有石碑四十枚，亦表里隶书，写《周易》《尚书》《公羊》《礼记》四部。又《赞学》碑一所，并在堂前。魏文帝作《典论》六碑，至太和十七年（493），犹有四存，高祖题为劝学里。里有文觉、三宝、宁远三寺。武定四年（546），大将军迁《石经》于邺。周回有园，珍果出焉。有大谷梨，承光之柰。承光寺亦多果木，柰味甚美，冠于京师。"

佛教典籍《续高僧传》卷第六《魏恒州报德寺释道登传》记载："释道登，姓芮，东莞人。聪警异伦，殊有信力。闻徐州有药僧者，雅明经论。挟策从之，研综涅槃，法花胜鬘。后从僧渊，学究成论。年造知命，誉动魏都，北土宗之……及到洛阳，君臣僧尼莫不宾礼。魏主邀登昆季，策授荣爵。以其本姓不华，改芮为耐。讲说之盛，四时不辍。未趣恒岳以息浮竞，学侣追随相仍，山舍不免谈授。遂终于报德寺焉，春秋八十有五，即魏景明年也。"

《北史》卷十九列传第七《彭城王勰》记载："景明、报德寺僧鸣钟欲饭，忽闻勰薨，二寺一千余人皆嗟痛，为之不食，但饮水而斋。"

### 弥陀寺

该佛寺在山西省运城市万荣县，为北魏景明年（500—503）建置。

方志《山西通志》卷一七〇《寺观三·蒲州府·万泉县》记载："弥陀寺，在张户村，元魏景明间（500—503）建。"

### 净土寺（乙）

该佛寺在河南省郑州市巩义市，为北魏景明年（500—503）建置。

方志《嘉庆重修一统志》卷二〇七《河南府二·寺观》记载："净土寺，在巩县东北，一名石窟寺，亦名石佛寺。后魏景明间（500—503）建，凿石为佛，佛与窟连，法像巍然。"

方志《河南志》卷一《毓材坊》记载："后魏建净土寺，隋大业四年（608），自故城徙建阳门内，唐贞观三年（629）复徙于此。长寿二年（693）改大云，会昌中废，后唐同光二年（924）重建。今小院七。"

1982年，被国务院公布为全国重点文物保护单位。现存洞窟五个，千佛龛一个，摩崖大佛三尊，佛像七千七百四十三尊，造像题记及碑刻一百八十六篇。

河南省考古工作者刘斌博士记写：巩义石窟寺，位于河南省巩义黄河南岸与洛水交汇处的大力山下，背倚邙山，面临伊洛河，山光水色，秀丽多姿，自古就有"溪雾岩云之幽栖胜地"的赞誉。寺院始建于北魏熙平二年（517），原名"希玄寺"，宋代称"十方净土寺"，清代又改称今名。北魏宣武帝常在此礼佛，以黄土为地质结构的邙山延伸到此处，居然下面有一段石头山，所以宣武帝令工匠在此凿窟刻像（有资料介绍，此窟的开凿时间是在517年至529年间），以后的东魏、西魏、北齐、隋、唐、宋各代也相继在此凿窟造像，逐渐形成了蔚然壮观的石窟群。

唐代龙朔二年（662）《后魏孝文帝故希玄寺碑》记载：北魏孝文帝在此创建伽蓝。明弘治七年（1494）重修碑记载："自后魏宣武帝景明（500—503）之间，凿石为窟，刻佛千万像，世无能烛其数者。"嗣后东魏、西魏、北齐、隋、唐、北宋，相继于此造窟凿像。现存石窟前的木构建筑为清代同治年间（1862—1874）所修。寺南临洛水，背倚大力山。山的上部覆盖厚4.5米的黄土层，下为岩石层，露出地面的部分厚20米。石窟群就开凿在岩石层上。现有主要洞窟5个，千佛龛1个，摩崖造像3尊，以及历代造像龛328个。总计大小造像7743尊，造像题记及其他铭刻186则。造像题记中，包括北魏3则、东西魏10则、北齐29则、北周2则、唐代85则、宋代2则、时代不详的30则。

## 石窟寺（甲）

该佛寺在河南省洛阳市，北魏景明年（500—503）建置。

典籍《洛阳伽蓝记》卷五《城北》记载："京南关口有石窟寺、灵岩寺，京西瀍涧有白马寺、照乐寺。"

佛教典籍《广弘明集》卷第二记载："景明初（500），世宗诏大长秋卿，准代京灵岩寺石窟，于洛南伊阙山为高祖、文昭皇太后营石窟二所。"

史籍《魏书》卷一百一十四志第二十《释老志》记载："景明年（500—503）初，世宗诏大长秋卿白整准代京灵岩寺石窟，于洛南伊阙山，为高祖、文昭皇太后营石窟二所。初建之始，窟顶去地三百一十尺。至正始二年（505）中，始出斩山二十三丈。至大长秋卿王质，谓斩山太高，费功难就，奏求下移就平，去地一百尺，南北一百四十尺。永平（508—512）中，中尹刘腾奏为世宗复造石窟一。凡为三所，从景明元年（500）至正光四年（523）六月已前，用功八十万二千三百六十六。肃宗熙平（516—518）中，于城内太社西，起永宁寺。"这就是闻名于世的龙门石窟的开凿过程，再建僧寺，石窟寺即是其中之一。

方志《民国巩县志》卷四《舆地志·古迹》记载："北魏石窟寺，即净土寺。"

### 石佛寺（甲）

该佛寺在河南省郑州市巩义市，为北魏景明年（500—503）建置。

见于方志《嘉庆重修一统志》卷二〇七、《民国巩县志》卷四。

参见"石窟寺（甲）"条。

### 灵岩寺（乙）

该佛寺在河南省洛阳市龙门，仅余石窟，为北魏景明年（500—503）建置。

《洛阳伽蓝记》卷五《城北》记载:"京南关口有石窟寺、灵岩寺。"

### 石窟灵岩寺

该佛寺在河南省洛阳市龙门,为北魏景明年(500—503)建置。

方志《乾隆续河南通志》卷一七《舆地志·寺观·河南府》记载:"石窟灵岩寺,在登封县。北魏永熙二年(533),车驾幸嵩高石窟灵岩寺。"

《魏书》卷十一帝纪第十一《出帝》亦记曰:永熙二年(533)正月,"己亥,车驾幸嵩高石窟灵岩寺"。

见于典籍《洛阳伽蓝记》卷五《城北》、史籍《魏书》卷一百一十四志第二十《释老志》、方志《乾隆续河南通志》卷一七。

参见"灵岩寺(甲)"条。

### 灵仙寺

该佛寺在河南省洛阳市东北汉魏故城,为北魏景明年(500—503)建置。

典籍《洛阳伽蓝记》卷四《城西》记载:"出西阳门外四里,御道南有洛阳大市,周回八里。市南有皇女台,汉大将军梁冀所造，犹高五丈余。景明（500—503）中，比丘道恒立灵仙寺于其上。台西有河阳县，台东有侍中侯刚宅。市西北有土山鱼池，亦冀之所造，即《汉书》所谓'采土筑山，十里九坂，以象二崤'者。"

### 景明寺（乙）

该佛寺在河南省洛阳市东北汉魏故城，为北魏景明年（500—503）建置。

典籍《洛阳伽蓝记》卷三《城南》记载："景明寺，宣武皇帝所立也。景明年（500—503）中立，因以为名。在宣阳门外一里御道东。其寺东西南北，方五百步，前望嵩山、少室，却负帝城，青林垂影，绿水为文，形胜之地，爽垲独美。山悬堂观，光盛一千余间，复殿重房，交疏对溜，青台紫阁，浮道相通。虽外有四时，而内无寒暑。房檐之外，皆是山池，竹松兰芷，垂列阶墀，含风团露，流香吐馥。至正光年（520—525）中，太后始造七层浮屠一所，去地百仞。是以邢才子碑文云：'俯闻激电，旁属奔星'是也。庄饰华丽，侔于永宁。金盘宝铎，焕烂霞表。寺有三池，萑蒲菱藕，水物生焉。或黄甲紫鳞，出没于繁藻，或青凫白雁，浮沉于绿水。碾硙春簸，皆用水功。伽蓝之妙，最得称首。时世好崇福，四月七日，京师诸像皆来此寺，尚书祠曹录像凡有一千余躯。至八日，以次入宣阳门，向阊阖宫前受皇帝散花。于时金花映日，宝盖浮云，幡幢若林，香烟似雾。梵乐法音，聒动天地。百戏腾骧，所在骈比。名僧德众，负锡为群，信徒法侣，持花成薮。车骑填咽，繁衍相倾。时有西域胡沙门见此，唱言佛国。至永熙年（532—534）中，始诏国子祭酒邢子才为寺碑文。"

## 正始寺

该佛寺在河南省洛阳市东北汉魏故城，为北魏正始年（504—508）建置。

典籍《洛阳伽蓝记》卷二《城东》记载："正始寺，百官等所立也。正始（504—508）中立，因以为名。在东阳门外御道西，所谓敬义里也。里内有典虞曹。檐宇清净，美于丛林。众僧房前，高林对牖，青松绿柽，连枝交映。多有枳树，而不中食。有石碑一枚，背上有侍中崔光施钱四十万，陈留侯李崇施钱二十万，自余百官各有差，少者不减五千以下，后人刊之。"

## 栖贤寺

该佛寺在安徽省淮南市寿县，为北魏正始元年（504）建存。

方志《嘉庆重修一统志》卷一二六《凤阳府二·寺观》记载："栖贤寺，在寿州西北。"

《魏书》卷五十九列传第四十七《萧宝夤》记载:"正始元年（504）三月,宝夤行达汝阴,东城已陷,遂停寿春之栖贤寺。"

方志《成化中都志》卷四《寺观·寿州》记载:"魏宣武帝命萧宝夤南侵,据东城以待秋冬大举。正始元年（504）行达汝阴,东城已陷,遂停寿春之栖贤寺。梁将姜庆真围逼寿春,宝夤力战,破走之。"

### 庄严寺

该佛寺在河南省洛阳市汉魏故城,为北魏正始年（504—508）建置。

《洛阳伽蓝记》卷二《城东》记载:"庄严寺,在东阳门外一里御道北,所谓东安里也。北为租场。里内有驸马都尉司马悦、济州刺史分宣、幽州刺史李真奴、豫州刺史公孙骥等四宅。"

### 闲居寺（甲）

该佛寺在河南省郑州市登封市嵩山,为北魏永平二年（509）建置。

方志《嘉庆重修一统志》卷二〇七《河南府二·寺观》记载:"嵩岳寺,在登封县北法王寺西。后魏永平二年（509）建,初名间居寺,隋开皇五年（585）改今名。"

史籍《魏书》卷九十列传第七十八《冯亮》记载:"亮性清净,至洛,隐居嵩高。……世宗尝召以为羽林监,领中书舍人,将令侍讲《十地》诸经,固辞不拜。又欲使衣帻入见,亮苦求以幅巾就朝,遂不强逼。还山数年,与僧徒礼诵为业,蔬食饮水,有终焉之志。会逆人王敞事发,连山中沙门,而亮被执赴尚书省,十余日,诏特免雪。亮不敢还山,遂寓居景明寺。敕给衣食及其从者数人。后思其旧居,复还山室。亮既雅爱山水,又兼巧思,结架岩林,甚得栖游之适,颇以此闻。世宗给其工力,令与沙门统僧暹、河南尹甄琛等,周视嵩高形胜之处,遂造闲居佛寺。林泉既奇,营制又美,曲尽山居之妙。"

《高僧传》卷第七《义解四释僧诠十》记载:"释僧诠,姓张,辽西海阳人。少游燕齐遍学外典,弱冠方出家复精炼三藏,为北土学者之宗,后过江止京师。铺延大讲,化洽江南……初止闲居寺,晚憩虎丘山。"

文献《汉魏南北朝墓志汇编》辑录《魏故昭玄沙门大统僧令法师墓志铭》撰写:"法师缘姓杜,京兆人也。幼而懋惠,志尚清虚,爱在儿童,脱俗归道。学既多闻,善亦兼济,散帙濡翰,怡然自得。若其涉猎群品,富同河汉,讨论徽赜,殆剖秋豪。良以三空靡遗，九典咸达，居室遐应，鸣皋自远。高祖光宅土中，宪章大备，存心释氏，注意法轮。由此闻风钦想，发于寤寐，嘉命苹止，荷锡来游。至若振尘式乾，洞穷幽旨。故以造膝嗟善，徘徊忘倦。武明之世，礼遇弥隆，乃以法师为嵩高闲居寺主。"

### 永明寺

该佛寺在河南省洛阳市东北汉魏故城，为北魏永平二年（509）建置。

典籍《洛阳伽蓝纪》卷四《城西》记载："永明寺，宣武皇帝所立也，在大觉寺东。时佛法经像，盛于洛阳，异国沙门，咸来辐辏，负锡持经，适兹乐土，世宗故立此寺以憩之。房庑连亘，一千余间。庭列修竹，檐拂高松，奇花异草，骈阗阶砌。百国沙门，三千余人。西域远者，乃至大秦国。尽天地之西垂，耕耘绩纺，百姓野居，邑屋相望，衣服车马，拟仪中国。"

佛教典籍《佛祖统纪》第三十八卷记载："北魏永平二年（509），帝御式乾殿讲《维摩经》。时西域沙门至者三千人，南方歌荣国，世不与东土通。有僧菩提跋陀来，诏建永明寺，以居外国沙门。"

佛教典籍《佛祖历代通载》第九卷记载："天监八年（509），

魏主于式乾殿，为诸僧及朝臣讲《维摩诘经》。时魏主专尚释氏，不事经籍。中书侍郎裴延儁上疏以为，汉光武、魏武帝虽在戎马间，未尝废书。先帝行师还都，手不释卷。良以学问多益，不可辍故也。陛下升法座，亲讲大觉，凡在瞻听，尘蔽俱开。然《五经》治世之楷模，应务之所先。伏愿经书互览，孔释兼存，则内外俱周，真俗斯畅。时洛阳中国沙门之外，自西域来者三千余人，魏主别立永明寺千余间以处之，远近承风，无不事佛。比及延昌，州郡凡一万三千余寺，僧至二百万。"

### 北石窟寺

该佛寺在甘肃省庆阳市西峰区，为北魏永平二年（509）建置。

北石窟寺内清乾隆六十年（1795）《重修石窟寺诸神庙碑记》记写："粤稽阙初，盖创自元魏永平二年（509），泾原节度使奚侯创建。"

《重修镇原县志·建置志》的《寺观·石窟寺》记载："北魏宣武帝永平二年（509），泾州刺史奚侯建。"

方志《道光镇原县志》卷九《建置志·寺观》记载："石窟寺，县东九十里。元魏永平二年（509）建，刻石为龛。"

西魏、北周、隋、唐、宋、清代相继增修，形成一处较大规模石窟群,俗称"大佛寺"。1959年被发现,1963年成立庆阳北石窟寺文物保管所,屡次加固维修。

### 宝云寺(乙)

该佛寺在山西省长治市上党区内王村右侧潜龙山下,为北魏永平二年(509)建置。

《乾隆长治县志》记载:"宝云寺,在内王村。后魏永平二年(509)建。"

宝云寺,又名华严禅院。《上党县潜龙山宝云寺记》云:"其寺名华严禅院。自隋唐至我皇宋,其间仅五七百年,或以兵革灾驰,封疆割据,淄黄避难,因而废焉。先是乾符中绿水山寺僧明惠大师法讳举,当时有府公李瑱尚书,乃空门之大雄者也。闻师有高行备法,驾盛威仪,请居止延庆禅寺。所有师之功德基业,寻刊于所请之院,迄今存焉。洎师迁化之后,有弟子元镜将灵骨收舍利,起塔于本山"。

宝云寺历代有修葺。金代天会五年(1127)进行了大规模重修,留存有《潜龙山宝云寺新建佛殿记》。

### 普会寺

该佛寺在河北省邯郸市永年区,为北魏永平三年(510)建置。

《光绪广平府志》卷四〇《古迹略·寺观上·永年县》记载："普会寺，在城东北二十里夏堡村，俗名夏堡寺。故址在城西，北魏永平三年（510）创建。宋崇宁甲申（1104），易名天宁万寿禅院。金天会（1123—1137）中，僧同休始改建今地，仍名普会寺。正隆三年（1158），僧智安重建。明成化（1465—1487）中，僧如金增建千佛阁。嘉靖庚申（1560）僧妙忠、癸亥僧妙省；万历五年（1577）僧妙聪，八年（1580）知府赵奋、薛钥、知县马翰如，四十六年（1618）郡人刘应麟，各有修葺。国朝顺治十四年（1657）、康熙三十七年（1698）重修寺内圆通阁，同治年间（1862—1874）重修毗卢殿，光绪十九年（1893）复修大雄殿。"

### 夏堡寺

该佛寺在河北省邯郸市永年区，为北魏永平三年（510）建置。见于方志《光绪永年县志》卷一五、《光绪广平府志》卷四〇。参见"普会寺"条。

### 南石窟寺

该佛寺在甘肃省平凉市泾川县蓄家村，为北魏永平三年（510）建置。

《魏书》卷七十三列传第六十一《奚康生》记载："奚康生，河南洛阳人。其先代人也，世为部族大人。……康生性骁勇，有武艺，弓力十石，矢异常箭，为当时所服。……康生久为将，及临州尹，多所杀戮。而乃信向佛道，数舍其居宅以立塔寺。凡历四州，皆有建置。"

南石窟寺由泾州刺史奚康生造，窟龛开凿在泾河北岸红砂岩上。现存五窟，东大窟高13米，宽约17米，深约14米。窟内寺碑题额阳刻《南石窟寺之碑》，有"大魏永平三年"题记。其碑尾落款为"大魏永平三年（510）岁在庚寅四月壬寅朔十四日乙卯使持节都督泾州诸军事平西将军兼华泾贰州刺史安武县开国男奚康生造"。

### 下宝泉寺

该佛寺在陕西省西安市，为北魏永平年（508—512）建置。

方志《陕西通志》卷二八《祠祀一·西安府·咸宁县》记载："下宝泉寺，在南五台山下。汉时建寺于山顶，魏永平中，于峰下塑毗卢佛像，增建下宝泉寺。泉从竹林寺流至峰下，故名。唐时增修，元延祐己未（1319），公主僧格喇实舍金钞重建，泰定四年（1327）改峰泉寺。明成化（1465—1487）、正德（1506—1521）间相继修葺。"

## 兴教寺

该佛寺在陕西省渭南市白水县,为北魏永平年(508—512)置存。

方志《乾隆白水县志》卷二《建置志·古迹·寺观》记载:"兴教寺,在县外城东北。魏永平间(508—512)建,明万历(1573—1620)知县毛应诗、刘梦阳两修。本朝康熙四十七年(1708),里民又修,进士奚湛有记。"

## 高峰寺

该佛寺在甘肃省平凉市泾川县,为北魏永平年(508—512)建置。

《明一统志》记载:"高公寺,在泾州南五里,后魏建。金大定(1161—1189)中重修。"

《钦定古今图书集成方舆汇编职方典》第五百五十三卷《平凉府祠庙考·寺观附》记载:"高峰寺,在州南五里,笔锋山顶,魏永平年(508—512),泾平二州刺史高乘造,唐开国伯段归文重修。毗卢寺在城西二里。……高公寺,在州城南,按《府志》:在嵩山后,魏唐有碑。"

方志《甘肃通志》卷一二《祠祀·平凉府》记载:"高峰寺,

在泾川城南五里笔峰山顶,为北魏永平间(508—512)建。"

该寺有《敕赐嵩显禅寺之碑》以记之。

碑文主要是宣武帝元恪对舅父高飏和其弟高乘从高丽王朝率众投奔孝文帝,遂被孝文帝拜将经历的赞誉。

宣武帝景明元年(500)高乘信以泾州刺史之身份,感报皇恩,在泾州城南的山顶上,建置了嵩显禅寺。该寺得到宣武帝元恪的敕赐,并勒石《敕赐嵩显禅寺之碑》以记之。嵩显禅寺故又称高公寺,因其建于山顶,百姓又广称其为高峰寺。

### 秋林寺

该佛寺在山西省临汾市曲沃县,为北魏延昌三年(514)建置。

方志《山西通志》卷一六八《寺观一·平阳府·曲沃县》记载:"秋林寺,在县西二十五里张少村,元魏延昌三年(514)建。"

方志《乾隆新修曲沃县志》卷一五《寺观》记载:"明洪武初(1368),并福胜寺入焉。"

### 瑞相寺

该佛寺在山西省吕梁市文水县,为北魏延昌三年(514)建置。

方志《乾隆太原府志》卷四十八《寺观·文水县》记载:"瑞相寺,在县南岳村,后魏延昌三年(514)建。"

## 释迦寺

该佛寺在河南省安阳市汤阴县，为北魏延昌年（512—515）建置。

方志《乾隆续河南通志》卷一七《舆地志·寺观·彰德府》记载："释迦寺，在汤阴下口村，魏延昌年（512—515）建。"

清乾隆三年（1738）《汤阴县志》记载："释迦寺，在汤阴县西南下口村，魏延昌三年（514）建。"下口，今称下扣，共有黄、索、王、陈、肖五个下扣，属宜沟镇。释迦寺旧址，在索下扣村东南，寿阳山之阴。

《钦定古今图书集成方舆汇编职方典》第四百四十卷《彰德府祠庙考·寺观附》记载："释迦寺，在下口村，魏延昌年（512—515）建。"

释迦寺，是目前汤阴县已知最早的寺院，北魏延昌三年（514）创建。释迦寺碑刻早年被毁，现仅存明嘉靖四十一年（1562）残碑《汤阴县下口村释迦寺重修前殿圣像碑记》。此碑文看，前殿修之者由嘉靖长沙（今宜沟镇长沙村）善人，"赵府仪卫司校尉于驾同妻李氏"独立完成。

## 石佛寺（乙）

该佛寺在河南省安阳市滑县，为北魏时（386—534）置存。

方志《民国重修滑县志》卷四《民政志·寺观》记载："石佛寺，在城北酸枣庙村。创建未详，有后魏平昌令汲仲敬四面造像石佛龛，今存。"

## 瑶光寺

该佛寺在河南省洛阳市东北汉魏故城内，为北魏宣武帝时（500—515）建置。

典籍《洛阳伽蓝记》卷一《城内》记载："瑶光寺，世宗宣武皇帝所立，在阊阖城门御道北，东去千秋门二里。千秋门内道北有西游园，园中有凌云台，即是魏文帝所筑者。台上有八角井，高祖于井北造凉风观，登之远望，目极洛川；台下有碧海曲池；台东有宣慈观，去地十丈。观东有灵芝钓台，累木为之，出于海中，去地二十丈。风生户牖，云起梁栋，丹楹刻桷，图写列仙。刻石为鲸鱼，背负钓台；既如从地涌出，又似空中飞下。钓台南有宣光殿，北有嘉福殿，西有九龙殿，殿前九龙吐水成一海。凡四殿，皆有飞阁向灵芝往来。三伏之月，皇帝在灵芝台以避暑。有五层浮屠一所，去地五十丈。仙掌凌虚，铎垂云表，作工之妙，埒美永宁，讲殿尼房,五百余间,绮疏连亘,户牖相通,珍木香草,不可胜言。牛筋狗骨之木,鸡头鸭脚之草,亦悉备焉。椒房嫔御,学道之所,掖庭美人,并在其中。亦有名族处女,性爱道场,落发辞亲,来仪此寺,屏珍丽之饰,服修道之衣,投心八正,归诚一乘。永安三年(530)中,尔朱兆入洛阳,纵兵大掠,时有秀容胡骑数十,入瑶光寺淫秽。自此后颇获讥讪。京师语曰:'洛阳男儿急作髻,瑶光寺尼夺作婿'。瑶光寺北有承明门,有金墉城,即魏氏所筑。"

《魏书》卷九帝纪第九《肃宗纪孝明帝》记载:"神龟元年(518)九月……戊申,皇太后高氏崩于瑶光寺。冬十月丁卯,以尼礼葬于北邙……二年(519)春正月丁亥,诏曰:'朕以冲眇,纂承宝位,夙夜惟寅,若涉渊海。赖皇太后慈仁,被以夙训。自临朝践极,岁将半纪,天平地成,四海宁乂。天道高远,巍巍难名,犹以挹挹自居,称号弗备,非所以崇奉坤元,允协亿兆者也。宜遵旧典,称诏宇内,以副黎蒸元元之望。'是月,改葬文昭皇太后高氏。"

史籍《北史》卷四魏本纪第四《肃宗孝明帝》记载:"神龟元年(518)九月戊申,皇太后高氏崩于瑶光寺。冬十月丁卯,以尼礼葬高太后于邙山。"

文献《汉魏南北朝墓志汇编》辑录《魏瑶光寺尼慈义墓志铭》撰写："尼讳英，姓高氏，渤海条人也。文昭皇太后之兄女。世宗景明四年（503）纳为夫人。正始五年（508）拜为皇后。帝崩，志愿道门，出俗为尼。以神龟元年（518）九月二十四薨于寺。"

《钦定古今图书集成方舆汇编职方典》第四百三十四卷《河南府祠庙考下·寺观附》记有："瑶光寺，宣武帝建。椒房嫔御，学道之所。"

### 普通寺

该佛寺在河南省洛阳市洛宁县，为北魏宣武帝时（500—515）建置。

佛教典籍《释迦方志》卷下记载："魏世宗宣武帝，于式乾殿自讲《维摩经》，造普通、大定四寺，常供千僧。"

《康熙永宁县志》记载："普通寺，在方廓保，魏建，元至正七年（1347）重修。"

方志《民国洛宁县志》卷二《建置·寺观》记载："顺治十六年（1659）重修。"

河南省考古工作者刘斌博士记写：洛宁县王范街东门外北有佛教寺院"普通寺"（元朝至正元年〔1341〕建），西有三官庙（明重修)。现存了岸禅师行石实塔志,1980年王范东门外群众盖房时,掘出高0.55米、宽0.38米,文13行、行22字的石碑。记王范普通寺王原智灯和尚学禅事,义湛书,山扬亭刻。清康熙四十五年(1706)立。

### 大定寺

该佛寺在河南省洛阳市洛宁县,为北魏宣武帝时(500—515)建置。

见于佛教典籍《释迦方志》卷下。

参见"普通寺"条。

### 兴皇寺

该佛寺在甘肃省天水市,为北魏宣武帝(500—515)、孝明帝(516—528)时建置。

史籍《北史》卷四十三列传第三十一《张彝》记载:"宣武初(500),除正尚书,兼侍中,寻正侍中。宣武亲政,罢六辅。彝与兼尚书邢峦闻处分非常,惧,出京奔走,为御史中尉甄琛所弹,云'非武非咒,率彼旷野'。诏书切责之。寻除安西将军、秦州刺史。彝务尚典式,考访故事,及临陇右,弥加讨习,于是出入直卫,方伯羽仪,赫然可观。羌、夏畏伏,惮其威整;一方肃静,号为良牧。其年冬，太极初就，彝与郭祚等俱以勤旧被征。及还州，进号抚军将军。彝表解州任，诏不许。彝敷政陇右，多所制立，宣布新风，革其旧俗，人庶爱仰之。为国造佛寺，名曰兴皇，诸有罪咎者，随其轻重，谪为土木之功，无复鞭杖之罚。"

### 3. 孝明帝元诩（27座）

（516年丙申—528年戊申，共13年）

熙平 516年丙申—518年戊戌

神龟 518年戊戌—520年庚子

正光 520年庚子—525年乙巳

孝昌 525年乙巳—527年丁未

武泰 528年戊申

#### 永宁寺（丁）

该佛寺在河南省洛阳市东北汉魏故城，为北魏熙平元年（516）建置。

《洛阳伽蓝记》卷一《城内》首语记："永宁寺，熙平元年（516），灵太后胡氏所立也，在宫前阊阖门南一里御道西。其寺东有太尉府，西对永康里，南界昭玄曹，北邻御史台。阊阖门前御道东，有左卫府。府南有司徒府。司徒府南有国子学堂，内有孔丘像，颜渊问仁、子路问政在侧。国子南有宗正寺，寺南有太庙，庙南有护军府，府南有衣冠里。御道西有右卫府，府南有太尉府，府南有将作曹，曹南有九级府，府南有太社，社南有凌阴里，即四朝时藏冰处也。中有九层浮屠一所，架木为之，举高九十丈。上有金刹，复高十丈；合去地一千尺。去京师百里，已遥见之。初掘基至黄泉下，得金像三十躯。太后以为信法之徵，是以营建过度也。刹上有金宝瓶，容二十五石。宝瓶下有承露金盘一十一重，周匝皆垂金铎。复有铁锁四道，引刹向浮屠四角，锁上亦有金铎，铎大小如一石瓮子。浮屠有九级，角角皆悬金铎，合上下有一百三十铎。浮屠有四面，面有三户六窗，户皆朱漆。扉上各有五行金铃，合有五千四百枚。复有金环铺首，殚土木之功，穷造形之巧，佛事精妙，不可思议。绣柱金铺，骇人心目。至于高风永夜，宝铎如鸣，铿锵之声，闻及十余里。浮屠北有佛殿一所，形如太极殿。中有丈八金像一躯、中长金像十躯、绣珠像三躯、金织成像五躯、玉像二躯。作工奇巧，冠于当世。僧房楼观，一千余间，雕梁粉壁，青璅绮疏，难得而言。栝柏椿松，扶疏檐溜；丛竹香草，布护阶墀。是以常景碑云：'须弥宝殿，兜率净宫，莫尚于斯也。'"

《魏书》卷一百一十四志第二十《释老志》记载:"肃宗熙平（516—518）于城内太社西,起永宁寺。灵太后亲率百僚,表基立刹。浮屠九层,高四十丈,起诸费用,不可胜计。"

佛教典籍《续高僧传》卷第一《魏南台永宁寺北天竺沙门菩提流支传》记载:"其寺本孝明皇帝熙平元年（516）,灵太后胡氏所立,在宫前阊阖门南御道之东。中有九层浮屠,架木为之,举高九十余丈。上有金刹,复高十丈。出地千尺,去台百里,已遥见之。初营基日,掘至黄泉,获金像三十二躯。太后以为嘉瑞,奉信法之征也,是以饰制瑰奇,穷世华美。刹表置金宝瓶,容二十五斛,承露金盘一十一重,铁锁角张,盘及锁上皆有金铎,如一石瓮。九级诸角,皆悬大铎,上下凡有一百三十枚。其塔四面九间,六窗三户,皆朱漆扉扇。垂诸金铃,层有五千四百枚。复施金铎铺首,佛事精妙。殚土木之工,绣柱金铺,惊骇心目。高风永夜,铃铎和鸣,铿锵之音,闻十余里。北有正殿,形拟太极,中诸像设,金玉珠绣,作工巧奇,冠绝当世。僧房周接,千有余间,台观星罗,参差间出,雕饰朱紫,缋以丹青,栝柏桢松,异草丛集。院墙周匝,皆施椽瓦。正南三门楼开三道三重,去地二百余尺,状若天门,赫奕华丽。夹门列四力士、四狮子,饰以金玉,庄严焕烂。东西两门,例皆如此。所可异者,唯楼两重北门,通道但路而置,其四门外,树以青槐,亘以渌水,京师行旅,多庇其下。"

佛教典籍《历代三宝纪》第九卷记载:"至孝明帝熙平元年(516),灵太后胡氏造永宁寺起九层木浮屠,高九十丈,上有宝刹复高十丈,去地千尺,离京百里即遥见之。……浮屠北有佛殿一所,形如太极。中有八丈金像一躯,等身金像十躯,编真珠像三躯,金织成像五躯,玉像二躯,作工奇巧,冠于当世。僧房楼观一千余间,雕梁粉壁,青琐绮疏,难得而言。栝柏椿松,扶疏檐溜,丛竹香草,布护阶庭。是以常景制寺碑云:'须弥宝殿,兜率净宫,莫尚于斯也'。外国所献神异经像,皆在此寺。寺之墙院,皆施短檐,以瓦覆之,状若宫墙。寺之四面各开一门,其正南门有三重楼通三阁道,去地二十丈,形制似今端门,图以云气,画彩仙灵,列钱青琐,赫奕华丽。拱门两旁有四力士、四狮子,饰以金银,加之珠玉,庄严焕炳,世所未闻。东西两门悉亦如之。所可异者,唯楼两重,北门一道,上不施屋,似乌头门。其四门外,皆树青槐,亘以渌水,京邑行人,多庇其下。路断车盖,非由淹云之润,清风送凉,岂藉合欢之发。而供养具与祇园等,四事给施七百梵僧。'"

典籍《洛阳伽蓝记》卷一《城内》又记载:"永熙三年(534)

二月，浮屠为火所烧，帝登凌云台望火，遣南阳王宝炬、录尚书长孙稚，将羽林一千救赴火所。莫不悲惜，垂泪而去。火初从第八级中，平旦大发。当时雷雨晦冥，杂下霰雪。百姓道俗，咸来观火，悲哀之声，振动京邑。时有三比丘赴火而死。火经三月不灭，有火入地寻柱，周年犹有烟气。"

香山寺

该佛寺在河南省洛阳市龙门东山，为北魏熙平元年（516）建置。

方志《嘉庆重修一统志》卷二〇七《河南府二·寺观》记载："香山寺，在洛阳县西南二十五里。后魏熙平元年（516），建龙门十寺，观游之胜，香山为首。唐白居易有《修香山寺记》。本朝康熙四十六年（1707）重修，乾隆十五年（1750），高宗纯皇帝巡幸嵩洛，经临寺中，有御制《香山寺杂咏》《题香山寺》诸诗，并御书'香岩净域'匾额。"

方志《河南通志》卷五十《寺观·河南府》篇记载："唐白居易与僧佛光结香火缘，尝写其文集留寺中。寺久废，皇清康熙四十六年（1707），学使汤右曾捐俸重建，有碑记。"

白居易称赞曰："洛都四野，山水之胜，龙门首焉；龙门十寺，

观游之胜，香山首焉。"（白居易《修香山寺记》）

河南省考古工作者刘斌博士记写：龙门香山寺位于龙门景区内的香山西坳，与世界文化遗产——龙门石窟西山窟区隔河相望，与龙门石窟东山窟区和白园景区一脉相连，并肩而立。

龙门香山寺始建于北魏熙平元年（516），武则天称帝时重修该寺，并常驾亲游幸，御香山寺中石楼坐朝，点题赋诗，留下了"香山赋诗夺锦袍"的佳话。《唐朝纪事》记："武后游龙门，命群官赋诗，先成者赐以锦袍。左史东方虬诗成，拜赐。坐未安，之问诗后成，文理兼美，左右莫不称善，乃夺锦袍赐之。"左史东方虬诗曰："春雪满空来，触处如花开。不知园里树，若个是真梅。"宋之问四十二句长诗有"先王定鼎山河固，宝命乘周万物新。吾皇不事瑶池乐，时雨来观农扈春。"其一，反映了香山寺深受武则天的青睐；其二，显示出唐人诗风之盛；其三，彰显唐朝文人赋诗的水平和临场歌咏的能力；其四，衬托出初唐大诗人宋之问诗歌的巧思、大气、凝重和严律。

白居易曾捐资六七十万贯，重修香山寺，并撰《修香山寺记》，寺名大振。清康熙年间（1662—1722）重修，乾隆皇帝曾巡幸香山寺，称颂"龙门凡十寺，第一数香山"。

北魏佛寺

2002年底—2003年4月上旬，香山寺第五次重修，借鉴唐代风格，对蒋宋楼、乾隆御碑亭、衣钵塔等历史文物予以修缮、保留和保护，并在原址上新建了钟楼、鼓楼、大雄宝殿，整修了天王殿、罗汉殿、步游道等。

希玄寺

该佛寺在河南省巩义市大力山南麓，为北魏孝明帝熙平二年（517）建置。

唐代龙朔二年（662）《后魏孝文帝故希玄寺碑》记载："北魏孝文帝在此创建伽蓝。"明弘治七年（1494）《重修大力山石窟十方净禅寺碑》记载："自后魏宣武景明（500—503）之间，凿石为窟，刻佛千万像，世无能烛其数者。"

该寺历经东魏、西魏、隋、唐、宋各代相继建造，形成了北魏王朝彪炳千秋的云冈石窟、龙门石窟、巩县石窟三大石窟群。共有5个洞窟、1个千佛龛、3尊摩崖造像、225个摩崖造像龛，共有佛像7743尊，碑刻题记256方。宋代改名十方净土寺，现称巩县石窟。

郭村寺

该佛寺在山西省晋中市平遥县，为北魏熙平年（516—518）

建置。

方志《乾隆汾州府志》卷二四《祠庙》记载:"百福寺,在平遥县东南四十里超山。北魏熙平(516—518)中建,旧名郭村寺,北齐净憨禅师住此。"

方志《山西通志》卷一六九《寺观二·汾州府·平遥县》记载:"宋嘉祐八年(1063)敕赐今额,有碑。金释益公、元释元鉴胥栖此。国朝初,释大机重修。内有百福井,祷雨辄应,祈病多愈,金元好问题名,石温仁甫跋。"

南寺

该佛寺在陕西省咸阳市永寿县,为北魏熙平(516—518)置存。

方志《光绪永寿县志》卷二《古迹·寺庙》记载:"武陵寺,俗名南寺,在县西南武陵山。……北魏熙平(516—518)建。"

沙门寺

该佛寺在河南省洛阳市东北汉魏故城,为北魏神龟二年(519)建存。

史籍《魏书》卷六十四列传第五十二《张彝》记载:"第二子仲瑀上封事,求铨别选格,排抑武人,不使预在清品。由是众口喧喧，谤讟盈路，立榜大巷，尅期会集，屠害其家。彝殊无畏避之意，父子安然。神龟二年（519）二月，羽林虎贲几将千人，相率至尚书省诟骂，求其长子尚书郎始均，不获，以瓦石击打公门。上下畏惧，莫敢讨抑。遂便持火，虏掠道中薪蒿，以杖石为兵器，直造其第，曳彝堂下，捶辱极意，唱呼嗷嗷，焚其屋宇。始均、仲瑀当时踰北垣而走。始均回救其父，拜伏群小，以请父命。羽林等就加殴击，生投之于烟火之中。及得尸骸，不复可识，唯以髻中小钗为验。仲瑀伤重走免。彝仅有余命，沙门寺与其比邻，舆致于寺。远近闻见，莫不惋骇。"

### 金陵寺

该佛寺在山东省淄博市临淄区朱台镇南高阳村，为北魏正光元年（520）置存。

方志《民国临淄县志》卷三《古迹志·寺观》记载："金陵寺，在高阳城故址东。今唯有石佛二，各高八尺余，座下题名有孙迈诸人。昔有断碑一，为魏正光年（520—525）制，今无赖辈卖于豪家矣。"

金陵寺始建于北魏孝明帝正光元年（520），后圮。2000年翻建主殿和经堂。

## 西闲居寺

该佛寺在河南省郑州市登封市嵩山,为北魏正光元年(520)建置。

方志《河南府志·寺庙》记载:"嵩岳寺,在登封县东南九里,今洛人但曰岳寺。后魏孝文帝避暑宫,孝明正光元年(520)建为西闲居寺。后易为观,隋文帝仁寿二年(602)改曰嵩岳寺,唐文帝复改避暑宫,后再为寺。其殿额大帝御书。寺前石门为天下之冠。博浮屠崇十八级。殿石基上佛像一铺,其左武后真容,金铜像,又有武后石室、石瑞像。其南有逍遥台,后魏孝明幸此译经,大帝、武后常避暑焉,因广其宫殿为寺,台上有菩萨戒碑。三花亭,在台东,后魏孝明建。"

方志《乾隆登封县志》卷一二唐李邕《嵩岳碑》记载:"嵩岳寺者,后魏孝明帝离宫,正光元年(520)榜闲居寺,隋仁寿一载(601)改嵩岳寺。十五层塔者,后魏之所立也。"

方志《河南府志》记载:"闲居在法王寺西里许,俱在今太室南麓。"

方志《旧志》记载:"后魏于寺立十五层塔,中宗造十三层浮屠,又有逍遥楼。今唯一塔一殿二三残碑而已。然其形势绝胜,可与法王相颉颃云。"

方志《河南府志》卷五〇《寺观·河南府》记载："明洪武初（1368）重修。"

嵩岳寺塔位于郑州登封市城西北嵩山南麓峻极峰下嵩岳寺内，初建于北魏正光四年（523），分为上下两段塔身，十二边形，为砖筑密檐式塔，塔顶重修于唐，是中国现存最早的砖塔，全国重点文物保护单位。

闲居寺（乙）

该佛寺在河南省郑州市登封市嵩山，为北魏正光元年（520）建置，也即嵩岳寺。

典籍《洛阳伽蓝纪》卷五《城北》记载："嵩高中有闲居寺、栖禅寺、嵩阳寺、道场寺。上有中顶寺，东有升道寺。"

《魏书》卷十六列传第四《京兆王黎》记载："正光五年（524）秋，灵太后对肃宗谓群臣曰：'隔绝我母子，不听我往来儿间，复何用我为？放我出家，我当永绝人间，修道于嵩高闲居寺。先帝圣鉴，鉴于未然，本营此寺者正为我今日。'"

《资治通鉴》卷第一百四十七梁纪三《高祖武皇帝三》记载："时佛教盛于洛阳，沙门之外，自西域来着三千余人，魏主别为之立永明寺千余间以处之。处士南阳冯亮有巧思，魏主使与河南尹甄琛、沙门统僧暹择嵩山形胜之地立闲居寺，极岩壑土木之美。由是远近承风，无不事佛，比及延昌，州郡共有一万三千余寺。"

河南省考古工作者刘斌博士记写：嵩岳寺，又名大塔寺，位于河南省登封市区西北约6公里的太室山南麓。嵩岳寺始建于北魏永平二年（509），原是宣武帝的离宫。

北魏孝明帝正光元年（520），将宣武帝位于嵩山的离宫改为寺庙，即闲居寺。当年寺内建成一座塔，即今嵩岳寺塔。

隋文帝仁寿二年（602），闲居寺被更名为嵩岳寺。至今仅余嵩岳寺塔和寺庙的山门。

唐武则天和高宗游嵩山时，曾把嵩岳寺改作行宫。唐代之后，嵩岳寺的佛教活动逐渐被转移至少林寺等其他寺庙，嵩岳寺逐渐荒废。

2010年8月1日，联合国教科文组织第34届世界遗产大会审议通过，将中国河南登封"天地之中"历史建筑群列为世界文化遗产，其中包括嵩岳寺塔。

冲觉寺

该佛寺在河南省洛阳市东北汉魏故城，为北魏正光初（520）

建置。

典籍《洛阳伽蓝记》卷四《城西》记载："冲觉寺，太傅清河王怿舍宅所立也，在西明门外一里御道北。怿，亲王之中最有名行，世宗爱之，特隆诸弟。延昌四年（515），世宗崩，怿与高阳王雍、广平王怀并受遗诏，辅翼孝明。时帝始年六岁，太后代总万机，以怿名德茂亲，体道居正，事无大小，多咨询之。是以熙平（516—518）、神龟（518—520）之际，势倾人主，第宅丰大，逾于高阳。西北有楼，出凌云台，俯临朝市，目极京师，古诗所谓：'西北有高楼，上与浮云齐'者也。楼下有儒林馆、延宾堂，形制并如清暑殿，土山钓台，冠于当世。斜峰入牖，曲沼环堂。树响飞嘤，阶丛花药。怿爱宾客，重文藻，海内才子，莫不辐辏。俯僚臣佐，并选隽民。至于清晨明景，骋望南台，珍馐具设，琴笙并奏，芳醴盈罍，佳宾满席，使梁王愧兔园之游，陈思惭雀台之燕。正光初（520），元义秉权，闭太后于后宫，薨怿于下省。孝昌元年（525），太后还总万机，追赠怿太子太师、大将军都督中外诸军事，假黄钺、给九旒、鸾辂、黄屋、左纛、辒辌车、前后部羽葆鼓吹、虎贲班剑百人、挽歌二部，葬礼依晋安平王孚故事，谥曰文献，图怿像于建始殿。"

方志《河南志》卷三记载:"正光初(520),元乂、刘腾害怿。太后复政,为怿追福,以宅建冲觉寺。"

## 明练寺

该佛寺在河南省郑州市登封市,为北魏正光二年(521)建置。

方志《乾隆登封县志》卷一二记载:"后魏明练寺,释靖彰《永泰寺碑》:寺创自后魏正光二载(521),孝明帝之妹入道为尼,敕为置明练寺,兼度士庶女等。唐贞观三载(629),议尼寺居山恐人侵扰,敕令移额于偃师县下置,此因废焉。神龙二载(706),有嵩岳寺僧道莹,请为永泰公主置寺,以永泰为名。"

方志《河南通志》卷五十《寺观·河南府》记载:"永泰寺,在登封县城西太室之右,后魏孝文帝公主梵修地。"

## 归正寺

该佛寺在河南省洛阳市东北汉魏故城,为北魏正光年(520—525)建置。

《洛阳伽蓝记》卷三《城南》记载:"景明初(500),伪齐建安王萧宝寅来降,封会稽公,为筑宅于归正里。后进爵为齐王,尚南阳长公主。宝寅耻与夷人同列,令公主启世宗,求入城内,世宗从之,赐宅于永安里。正光四年(523)中,萧衍子西丰侯萧正德来降,处金陵馆,为筑宅归正里,正德舍宅为归正寺。"

方志《河南志》卷三记载:"吴人投魏者,处金陵馆,三年以后赐宅归正里。……孝明正光四年(523),梁武帝子西丰侯萧正德来降,处金陵馆,为筑宅归正里,后正德舍宅为归正寺。"

### 福兴寺

该佛寺在山西省晋中市寿阳县,为北魏正光二年(521)建置。

方志《光绪寿阳县志》卷二《建置志·寺观》记载:"福兴寺,在县北下州村,北魏正光二年(521)创建。相传阳摩寺为上寺,双凤山为下寺,此为中寺。明嘉靖十四年(1535),菩萨降临,施药救众,有聂时雍所撰显应碑记。"

### 丘台寺

该佛寺在河南省新乡市,为北魏正光三年(522)建存。

方志《民国新乡县续志》卷二《祠祀志》记载:"丘台寺,在县北五陵村,不知创自何时,有大魏正光三年(522)、正光四年(523)造像二。明万历二十六年(1598)、清康熙间(1662—1722)两次重修,光绪六年春(1880),大殿倾欹,村人醵金又重修。"

河南省考古工作者刘斌博士记写:丘台寺,原位于新乡市凤泉区潞王乡五陵村,被小学占用,现已不存。丘台寺,在村正中,正殿有泥塑佛像，佛像两侧各有头顶光头石佛碑一尊。高八九尺，宽三尺许。前雕半出身佛像三，后刻复数线条人像。下镌人姓名，下有北魏正光三年（522）字迹。后因办学修补村寨卖掉，佛殿及像被拆除改为小学。

静林寺

该佛寺在山西省太原市，为北魏正光三年（522）建存。

史籍《魏书》卷一百一十二下志第十八下《灵徵志下》记载："肃宗正光三年（522）六月，并州静林寺僧在阳邑城西橡谷掘药，得玉璧五，珪十，印一，玉柱一，玉盖一，并以献。"

石屋寺

该佛寺在江苏省徐州市睢宁县，为北魏正光年（520—525）建置。

方志《光绪睢宁县志稿》卷七《古迹志·寺观》记载："石屋寺，在石屋山，魏正光初年（520）建。"

灵岩寺（丙）

该佛寺在山东省济南市长清区，为北魏正光年（520—525）建置。

方志《道光济南府志》卷一八《祠祀·寺观·长清县》记载：

北魏佛寺

"灵岩寺，在县东九十里方山上。元魏时为竺僧朗公说法之所，正光中（520—525）僧法定建，有唐开元十三年（725）梁昇卿撰碑。宋景德（1004—1007）中赐今额。"

方志《道光长清县志》卷一〇《祠祀志下·寺观》记载："其寺有甘露、双鹤等六泉，佛日岩、铁袈裟、辟支塔、十里松等迹，历唐宋迄今，游人吟咏殆遍。"

方志《嘉庆重修一统志》卷一六三《济南府二·寺观》记载："有摩顶松，相传为唐三藏法师遗迹。又有铁袈裟山，石黑锈如铁，覆地如袈裟披摺之状。"

### 代海寺

该佛寺在河南省郑州市荥阳市，为北魏孝昌年（525—527）建置。

相传观音菩萨北行渡人，移居荥阳，从此荥阳护城河随海水潮汐涨落，故名代海寺。隋末李世民患眼疾，求遍名医无效，后到代海寺求佛，立愈。李世民登基后，命尉迟敬德扩建代海寺，东西长二十里，南北宽十八里，规模如海，故又名大海寺。

### 吉祥寺

该佛寺在山东省潍坊市青州市，为北魏孝昌二年（526）建置。

方志《光绪益都县图志》卷一三《营建志上·坛庙·寺观》记载："吉祥寺，在城北十八里马官庄西南。"

方志《旧志》云："魏孝昌二年（526）建，因寺有是年造像残石也。康熙十五年（1676），庠生杨钜撰《入佛会碑》云：'寺所由立，其详不可得闻。寺中《石佛记》言重修于魏，后修于唐，并载其祖谦《咏寺内古槐诗》及曹洞宗派。国朝乾隆八年（1743），监生王承烈等重修，今圮，唯石佛卧瓦砾中。'"

皆公寺

该佛寺在山东省东营市广饶县，为北魏孝昌三年（527）建置。

方志《民国续修广饶县志》卷三《舆地志·建置三·坛庙祠宇》记载："皆公寺，在城西南十七里杨赵寺庄，魏孝昌三年（527）敕建。"

方志《民国乐安县志》卷二《古迹志·寺观》记载："明正德元年（1506），主持胜永重修。清乾隆二十六年（1761）重修，嘉庆二十四年（1819）重修。今存山门、东西廊、后殿。殿后古楸参天，大数围。"

皆公寺北魏石造像两边，分别刻文为"大魏孝昌三年（527）正月二日奉诏建立皆公寺"和"大魏孝昌三年（527）岁次丁未二月十五日经丘道伋为一切众生敬造弥勒石像"。

### 普救寺

该佛寺在河南省洛阳市偃师区，为北魏孝昌三年（527）建置。

方志《乾隆偃师县志》卷四《陵庙记·寺观》记载："普救寺，在县石桥保。"

方志《续通志》记载："孝昌三年（527），张钦建。"

### 区法寺

该佛寺在河南省新乡市延津县，为北魏孝昌三年（527）建置。

方志《乾隆续河南通志》卷一七《舆地志·寺观·卫辉府》记载："区法寺，在延津县庞固社，魏孝昌三年（527）建。"

方志《万历卫辉府志》卷五《祠祀志·寺观·胙城县》记载："明成化十六年（1480）重修。"

### 洪福寺

该佛寺在山东省潍坊市临朐县，为北魏孝昌年（525—527）建置。

方志《光绪临朐县志》卷四《古迹·祠宇》记载："洪福寺，在盘阳社，元魏孝昌中（525—527）建。考盘阳故城迹，寺正在东门内，有碑，今不存。"

## 重兴寺

该佛寺在山东省潍坊市青州市,为北魏孝昌年(525—527)建置。

方志《光绪益都县图志》卷一三《营建志上·坛庙·寺观》记载:"重兴寺,在城北四十余里梁孟集,魏孝昌年(525—527)建,至今修葺不废。"

## 大觉寺(甲)

该佛寺在河北省邯郸市临漳县,为北魏孝明帝时(516—528)建置。

佛教典籍《法苑珠林》卷一百记载:"魏肃宗孝明帝,于邺下造大觉寺。"

佛教典籍《续高僧传》卷第二十一《齐邺下大觉寺释慧光传》记载:"释慧光,姓杨氏,定州卢人。年十三随父入洛,四月八日往佛陀禅师所从受三归。陀异其眼光外射如焰,深惟必有奇操也。苦邀留之且令诵经,光执卷览文曾若昔习,旁通博义穷诸幽理,兼以剧谈谲诡态新奇,变动物情时谈逸口,至夏末度而出家,所习经造便为人说。……初在京洛,任国僧都。后召入邺,绥缉有功,转为国统。……奄化于邺城大觉寺,春秋七十矣。"

## 崇尊寺

该佛寺在河北省邯郸市,为北魏正光(520)建存。

佛教典籍《续高僧传》卷第二十三《魏洛都融觉寺释昙无最传》记载:"释昙无最,姓董氏,武安人也。灵悟洞微,餐寝玄秘,少禀道化,名垂朝野,为三宝之良将……曾于邯郸崇尊寺说戒。徒众千余,并是常随门学。……元魏正光元年(520),明帝加朝服,大赦;请释李两宗上殿,斋迄,侍中刘腾宣敕,请诸法师等与道士论义。"

## 菩 提 寺(甲)

该佛寺在河南省洛阳市汉魏故城,为孝明帝时(516—528)建存。

《洛阳伽蓝记》卷三《城南》记载:"菩提寺,西域胡人所立也,在慕义里。沙门达多发冢取砖,得一人以进。时太后与明帝在华林都堂,以为妖异。谓黄门侍郎徐纥曰:'上古以来,颇有此事否?'纥曰:'昔魏时发冢,德霍光女婿范明友家奴,说汉朝废立,与史书相符,此不足为异也。'后令纥问其姓名,死来几年,何所饮食?死者曰:'臣姓崔,名涵,字子洪,博陵安平人也。父名畅,母姓魏,家在城西阜财里。死时年十五,今满二十七,在地十有二年，常似醉卧，无所食也。时复游行，或遇饭食，如似梦中，不甚辨了。'后即遣门下录事张隽诣阜财里，访涵父母，果得崔畅，其妻魏氏。隽问畅曰：'卿有儿死否？'畅曰：'有息子涵，年十五而死。'隽曰：'为人所发，今日苏活，在华林园中，主上故遣我来相问。'畅闻，惊怖曰：'实无此儿，向者谬言。'隽还，具以实陈闻，后遣携送涵回家。畅闻涵至门前，门前起火，手持刀，魏氏把桃枝，谓曰：'汝不须来！吾非汝父，汝非吾子，急手速去，可得无殃。'涵遂舍去，游于京师，常宿寺门下，汝南王赐黄衣一具。涵性畏日，不敢仰视，又畏水火及刀兵之属，常走于陆达路，遇疲则止，不徐行也。时人犹谓是鬼。洛阳大市北奉终里，里内之人，多卖送死人之具及诸棺椁。涵谓曰：'作柏木棺，勿以桑木为欀。'人问其故。涵曰：'吾在地下，见人发鬼兵，有一鬼诉称，是柏棺，应免。主兵吏曰，尔虽柏棺，桑木为欀。遂不免。'京师闻此，柏木踊贵。人疑卖棺者货涵发此等之言也。"

## 4. 孝庄帝元子攸（10座）
（528年戊申—530年庚戌，共3年）

建义528年戊申（4月改）

永安 528年戊申—530年庚戌

### 追光寺

该佛寺在河南省洛阳市东北汉魏故城,为北魏建义元年(528)建置。

典籍《洛阳伽蓝记》卷四《城西》记载:"追光寺,侍中尚书令东平王略之宅也。略生而岐嶷,幼则老成,博洽群书,好道不倦。神龟(518—520)中为黄门侍郎。……寻进尚书令、仪同三司,领国子祭酒,侍中如故。略从容闲雅,本自天资,出南入北,转复高迈,言论动止,朝野师模。建义元年(528),薨于河阴,赠太保,谥曰'文贞'。嗣王景式舍宅为此寺。"

### 圣寿寺

该佛寺在山西省临汾市襄汾县,为北魏永安二年(529)建置。

方志《雍正平阳府志》卷三三《寺观·太平县》记载:"圣寿寺,在县北二十五里古城镇,魏永安二年(529)建。"

方志《成化山西通志》卷五《寺观》记载:"元至元(1264—1294)、大德(1297—1307)、至正(1341—1370)间累修,国初并永庆、普照、玉泉三院入焉。"

### 侯恺寺

该佛寺在山东省潍坊市青州市,为北魏永安二年(529)建置。

方志《光绪益都县图志》卷一三《营建志上·坛庙·寺观》记载:"侯愷寺,在城西一百里仇家官庄。明隆庆四年(1570),新乐王重修,碑云:'晋永安二年,比丘法果建。'按晋永安无二年(529),晋盖魏之讹也。"

### 大觉寺(乙)

该佛寺在河南省洛阳市东北汉魏故城,为北魏永安二年(529)建置。

典籍《洛阳伽蓝记》卷四《城西》记载:"大觉寺,广平王怀舍宅立也,在融觉寺西一里许。北瞻邙岭,南眺洛汭,东望宫阙,西顾旗亭,禅皋显敞,实为胜地。是以温子升碑云:'面水背山,左朝右市'是也。怀所居之堂,上置七佛。林池飞阁,比之景明。至于春风动树,则兰开紫叶,秋霜降草,则菊吐黄花。名僧大德,寂以遣烦。永熙年中(532—534),平阳王即位,造砖浮屠一所,是土石之工,穷精极丽。诏中书舍人温子升以为文也。"

文献《汉魏南北朝墓志汇编》所辑录的《魏故车骑大将军平舒文定邢公继夫人大觉寺比丘元尼墓志铭并序》云:"夫人讳纯陀,

法字智首，恭宗景穆皇帝之孙，任城康王之第五女也。……及车骑谢世，思成夫德，夜不洵涕，朝哭衔悲。乃叹曰：吾一生契阔，再离辛苦，既惭靡他之操，又愧不转之心，爽德事人，不与他族，乐从苦生，果由因起。便舍身俗累，托体法门，弃置爱津，栖迟正水，博搜经藏，广通戒律，珍宝六度，草芥千金。……以冬十月己酉朔十三日辛酉薨于荥阳郡解别馆。子孙号慕，缁素兴嗟。临终醒悟，分明遗托，令别葬他所，以遂修道之心。儿女式遵，不敢违旨。粤以十一月戊寅朔七日甲申卜窆于洛阳城西一十五里邙山西南别名马鞍小山之朝阳。……维永安二年（529）岁次己酉十一月戊寅朔七日甲申造。"

### 三级佛寺

该佛寺在山西省太原市，为北魏永安三年（530）建存。

方志《道光太原县志》卷三《祀典·寺观》记载："三级佛寺，魏永安三年（530）十二月甲寅，孝庄迁于晋阳。甲子，史纪遗事于城内三级佛寺。"

史籍《魏书》卷十帝纪第十《敬宗孝庄帝》记载："（永安三年，即530年）十有二月壬寅朔，尔朱兆寇丹谷，都督崔伯凤战殁，都督羊文义、史五龙降兆，大都督源子恭奔退。甲辰，尔朱兆、尔朱度律自富平津上，率骑涉渡，以袭京城。事出仓卒，禁卫不守。帝出云龙门。兆逼帝幸永宁佛寺，杀皇子，并杀司徒公、临淮王彧，左仆射、范阳王诲。戊申，元晔大赦天下。尔朱度律自镇京师。甲寅，尔朱兆迁帝于晋阳；甲子，崩于城内三级佛寺，时年二十四。"

观音寺

该佛寺在河南省新乡市辉县市，为北魏永安三年（530）建置。

方志《万历卫辉府志》卷五《祠祀志·寺观·辉县》记载："观音寺，一名同圣寺，在西关街北。魏永安三年（530）建，宋祥符三年（1010）修，沿至明洪武二十二年（1389）重修，内设僧会司。"

同圣寺

该佛寺在河南省新乡市辉县市，为北魏永安三年（530）建置。

见于方志《万历卫辉府志》卷五，参见"观音寺"条。

宣忠寺

该佛寺在河南省洛阳市东北汉魏故城，为北魏永安年（528—530）建置。

《洛阳伽蓝记》卷四《城西》记载："宣忠寺，侍中司州牧城阳王徽所立也。在西阳门外一里御道南。永安中，北海王入洛，庄帝北巡，自余诸王，各怀二望，唯徽独从庄帝至长子城。大兵阻河，雌雄未决，徽愿入洛阳，舍宅为寺。及北海败散，国道重晖，遂舍宅焉。"

方志《河南志》卷三记载："宣忠寺，西阳门外一里御道南，司州牧城阳王徽宅。永安（528—530）中，北海王入洛，徽独从庄帝至长子城。徽愿入洛阳，舍宅为寺。及北海败，遂建为宣忠寺。"

典籍《太平广记》卷一百二十七《元徽》条记载："后魏庄帝永安（528—530）中，北海王元颢入洛。庄帝北巡，城阳王徽舍宅为宣忠寺。"

### 归觉寺

该佛寺在河南省洛阳市东北汉魏故城，为北魏永安年（528—530）建置。

典籍《洛阳伽蓝记》卷二《城东》记载："孝义里东市北殖货里，里有太常民刘胡，兄弟四人，以屠为业。永安年（528—530）中，胡杀猪，猪忽唱乞命，声及四邻。邻人谓胡兄弟相殴斗而来观之，乃猪也。胡即舍宅为归觉寺，合家人入道焉。普泰元年（531），此寺金像生毛，眉发悉皆具足。"

方志《洛阳志·寺观》记载:"归觉寺,在城东里。"

龙花寺

该佛寺在河南省洛阳龙门东山之南的龙花山上,为北魏永安年(528—530)建存。

《魏书》卷十一帝纪第十一《前废帝》记载:"前废帝,讳恭,字脩业,广陵惠王羽之子也,母曰王氏。少端谨,有志度。长而好学,事祖母、嫡母以孝闻。正始(504—508)中,袭爵。延昌(512—515)中,拜通直散骑常侍。神龟(518—520)中,进兼散骑常侍。正光二年(521),正常侍,领给事黄门侍郎。帝以元叉擅权,遂称疾不起。久之,因讬喑病。五年(524),就除金紫光禄大夫,加散骑常侍。建义元年(528),除仪同三司。王既绝言,垂将一纪,居于龙花寺,无所交通。"

史籍《北史》卷五魏本纪第五《节闵帝》记载:"节闵皇帝讳恭,字脩业,广陵惠王羽之子也。母曰王氏。帝少有志度,事祖母、嫡母以孝闻。正始(504—508)中,袭爵。位给事黄门侍郎。帝以元叉擅权,讬称喑病,绝言垂一纪。居于龙花佛寺,无所交通。永安末(530),有白庄帝,言帝不语,将有异图。人间游声,又云常有天子气。帝惧祸,遂逃匿上洛。寻见追蹑,送京师,拘禁多日，以无状获免。"

唐朝龙门龙花寺有《大卢舍那像龛记》记曰："牒，敕旨龙花寺宜合作奉先寺。开元十年（722）十二月五日。"于此可见，龙花寺和奉先寺是北魏到唐代龙门山、伊水之滨两个著名的佛教寺院。

河南省考古工作者刘斌博士记写：考古工作者于2012年冬天，在诸葛镇山张村西部的龙花山上，发现汉魏时期的大型石龙雕塑一尊，此后又发现一批北魏到唐代的经幢、佛像等石刻。由此可以认定，此处正是龙花寺遗址。

## 5. 节闵帝元恭（4座）
（531年辛亥—532年壬子，共2年）

普泰531年辛亥—532年壬子

### 建中寺

该佛寺在河南省洛阳市东北汉魏故城，为北魏普泰元年（531）建置。

典籍《洛阳伽蓝记》卷一《城内》记载："建中寺，普泰元年（531），尚书令乐平王尔朱世隆所立也。本是阉官司空刘腾宅，屋宇奢侈，梁栋逾制，一里之间，廊庑充溢。堂比宣光殿，门匹乾明门,博敞弘丽,诸王莫及也。……正光年(520—525)中,元义专权,太后幽隔永巷,腾为谋主。义是江阳王继之子,太后妹婿。熙平初(516),明帝幼冲,诸王权上。太后拜义为侍中领军左右,令总禁兵,委以腹心,反得幽隔永巷六年。太后哭曰:'养虎自啮,长虺成蛇。'至孝昌二年(526),太后反政,遂诛义等,没腾田宅。元义诛日,腾已物故,太后追思腾罪,发墓残尸,使其神灵无所归趣,以宅赐高阳王雍。……建明元年(530),尚书令乐平王尔朱世隆为荣追福,题以为寺,朱门黄阁,所谓仙居也。以前厅为佛殿,后堂为讲室,金花宝盖,遍满其中。有一凉风堂,本腾避暑之处,凄凉常冷,经夏无蝇,有万年千岁之树也。"

《钦定古今图书集成方舆汇编职方典》第四百三十四卷《河南府祠庙考下·寺观附》记载:"建中寺,尔朱世隆建。为其父荣,追福以为寺。"

崇训佛寺(甲)

该佛寺在河南省洛阳市,为北魏普泰二年(532)建存。

《魏书》卷十一帝纪第十一《前废帝》记载:"(普泰)二年(532)……夏四月辛巳,齐献武王与废帝至邙山,使魏兰根慰谕洛邑,且观帝之为人。兰根忌帝雅德,还致毁谤,竟从崔悛议,废帝于崇训佛寺，而立平阳王修为帝。"

史籍《北史》卷五魏本纪第五《节闵帝》记载："（普泰二年，即532年）夏四月辛巳，高欢与废帝至邙山，使魏兰根慰喻洛邑，且观帝之为人。兰根忌帝雅德，还致毁谤，竟从崔㥄议，废帝于崇训佛寺，而立平阳王脩，是为孝武帝。帝既失位，乃赋诗曰：'朱门久可患，紫极非情玩，颠覆立可待，一年三易换。时运正如此，唯有修真观。'五月丙申，帝遇弑，殂于门下外省，时年三十五。"

## 宝光寺

该佛寺在河南省洛阳市，北魏节闵帝（531—532）置存。

典籍《洛阳伽蓝记》卷四《城西》记载："宝光寺。在西阳门外御道北。有三层浮屠一所，以石为基，形制甚古，画工雕刻。隐士赵逸见而叹曰：'晋朝石塔寺，今为宝光寺也。'人问其故，逸曰：'晋朝四十二寺尽皆湮灭，唯此寺独存。'指园中一处曰：'此是浴室。前五步，应有一井。'众僧掘之，果得屋及井焉。井虽填塞，砖口如初。浴堂下犹有石数十枚。当时园地平衍，果菜葱青，莫不叹息焉。园中有一海，号咸池。葭菼被岸，菱荷覆水，青松翠竹，罗生其旁。京邑士子，至于良辰美日，休沐告归，徵友命朋，来游此寺。雷车接轸，羽盖成阴。或置酒林泉，题诗花圃，折藕浮瓜，以为兴适。普泰末（531），雍州刺史陇西王尔朱天光总士马于此寺。寺门无何都崩，天光见而恶之。其年，天光战败，斩于东市也。"

### 石拱寺

该佛寺位于甘肃省平凉市华亭县，为北魏时（386—534）建置。

俗云："先有石拱寺，后有华亭城。"

北魏普泰年（531），始置华亭镇。

## 6.孝武帝元脩（145座）
## （532年壬子—534年甲寅，共3年）

太昌532年壬子（4月改）

永兴532年壬子（12月改）

永熙532年壬子—534年甲寅

### 古佛院

该佛寺在山东省淄博市，为北魏太昌元年（532）建置。

方志《乾隆博山县志》卷二《祀典·寺观》记载："古佛院，在常熟川东。后魏太昌元年（532），僧昙寿剖土得石，镌佛建院。

后像焚毁，金大定九年（1169）乃塑十佛。元至元二十五年（1288）重修。"

### 石佛寺（丙）

该佛寺在河南省鹤壁市淇县，为北魏永熙二年（533）建置。

方志《河南通志》卷五〇《寺观·卫辉府》记载："石佛寺，在淇县城东北一十八里吴里社。魏永熙二年（533）创建，明洪武三年（1370）重修。"

河南省考古工作者刘斌博士记写：石佛寺位于淇县城东8公里石佛寺村，为北魏永熙二年（533）创建。明洪武三年（1370）重修，现存坐北朝南一座面阔三间、进深二间的大殿，清光绪十六年（1890）又重修。殿中造像高3.34米，碑身高2.75米，厚0.14—0.20米，座高0.64米。石刻整体呈莲花瓣形，顶部略残，为北魏太和十八年（494）至正光五年（524）建凿。造型生动，内容丰富，且具有较高的历史、艺术、科学价值，在全国也颇为罕见。后于1936年、1976年两次维修大殿。

造像内容如下：

碑阳顶部上部虽残，碑身和基座完好，碑中有浮雕方塔，塔身上刻有两龛门，其内各雕一佛，下有三个飞天托起全塔，形体姿态生动异常。再下有菩提树,树下为释迦、多宝并坐像。在其下有一长方台,上坐七尊小佛,两侧有三对飞天,均袒上身,下着长裙,为伎乐,击羯鼓。飞天下雕青龙一对,龙口吐莲花,其上各有一个小佛。方台下为一佛二菩萨。一佛为释迦苦行像,头顶有圆髻,面目清瘦、宁静、削肩,身着通肩大衣,衣服紧贴身,右手为无畏印,左手为接与状,跣足,有圆项光,项光周围饰莲花。左右二菩萨,颈部悬有项链,缨玖至胸部。左侧菩萨立于狮子上,为文殊菩萨;右侧立于象上,为普贤菩萨。二菩萨头上各雕一菩提树。

碑阴上部,五角楯拱的边拱上有二天人,右边天人手执圆形物,内有三足鸟,为日的画像;左边的天人手执一圆圈,内画一蟾蜍,是月的象征。

碑左右两侧和碑座,分别刻有青龙和邑子吴惠、邑子吴显珍、唯那李盖世、威远将军辽城太守吴头、都唯那吴惠望、都邑主吴法柱、礼佛图等。

### 封崇寺

该佛寺在河南省鹤壁市淇县,为北魏永熙二年(533)建置。

方志《万历卫辉府志》卷五《祠祀志·坛庙·淇县》记载:"封崇寺,在县北三十里。魏永熙二年(533)建置,元至正元年

（1341）重修。"

河南省考古工作者刘斌博士记写：封崇寺位于淇县高村镇北5公里之外浮山，民国初年，一位名叫顾燮光的金石学家发现并公布了封崇寺的东魏造像碑，言当年像碑就矗立在古寺的山门之外。可惜的是，就在公布后不久，造像碑便被军阀掠走。1929年又被倒卖出国，现藏于美国大都会博物馆。《李道赞五百人等造像》碑，刊刻于北魏永熙二年（533）至东魏武定元年（543）八月，碑阳182厘米×105厘米，碑阴220厘米×106厘米，隶楷书，为北朝造像碑的代表作。

### 定国寺（乙）

该佛寺在河南省安阳市安阳县韩陵山顶，为北魏永熙三年（534）建置。

方志《嘉庆安阳县志》卷八《建置志上·寺观》引《太平寰宇记》，记曰："东魏迁邺，高丞相以南台为定国寺，作砖浮屠极高。"

方志《嘉庆重修一统志》卷一九七《彰德府二·寺观》记载："定国寺，在安阳县东北寒陵山。东魏高欢所建，有温子升《旌功碑》。"

《彰德府志》韩陵山条目下记写："欢克捷于韩陵山乃立定国寺

旌功有温子昇碑。"

文献《全后魏文》卷五一《寒陵山寺碑》记载："永安之季，数钟百六，天灾流行，人伦交丧。尔朱荣既绝彼天纲，断兹地纽，禄去王室，政出私门，铜马竞驰，金虎乱噬，九婴爆起，十日并出。破壁毁珪，人物既尽，头会箕敛，杼轴其空。大丞相渤海王命世作宰，唯机成务，标格千仞，崖岸万里，运鼎阿于禁抱，纳山岳于胸怀。拥玄云以上腾，负青天而高引。钟鼓嘈杂，上闻于天，旌旗缤纷，下盘于地，壮士懔以争先，义夫愤而竞起，兵接刃于斯场，车错毂于此地，轰轰隐隐，若转石之坠高崖，硍硍磕磕，如激水之投深谷，俄而雾卷云除，冰离叶散，靡旗蔽日，乱辙满野，楚师之败于柏举，新兵之退自昆阳，以此方之，未可同日。既考兹沃壤，建此精庐，砥石砺金，莹珠琢玉，经始等于佛功，制作同于造化，悬心是归，净行攸处，神异毕臻，灵仙总萃，鸣玉鸾以来游，带霓裳而至止，翔凤纷以相欢，飞龙蜿而俱跃，虽复高天销于猛炭，大地沦于积水，固以传之不朽，终亦记此无忘。"

《续高僧传》卷第九《隋相州演空寺释灵裕传》记载："'释灵裕，俗姓赵，定州巨鹿曲阳人也。年居童幼异行感人，每见仪像沙门必形心随敬。裕末又住演空寺，相州治西，秉操弥坚，履行逾肃。帝闻之又下诏曰'敬问演空寺大德灵裕法师，朕遵崇三宝，归向情深。恒愿阐扬大乘护持正法，法师梵行精淳，理义渊深。'……又于寒陵山所造九级浮屠，仁寿末（604）岁止营四层。裕一旦急催曰'一切无常，事有障绝。'通夜累构，将结八重，命令断作，仅得施座安橙。值晋阳事故（大概因隋文帝杨坚死后，儿子杨谅与杨广争夺皇位发动战争之故），生民无措其手足。"

《续高僧传》卷第二十《唐相州寒陵山寺释道昂传》记载："释道昂，未详其氏，魏郡人……常于寒陵山寺……讲《华严》《地论》……道扇漳河，咸蒙惠泽。卒于报应寺中，春秋六十有九，即贞观七年（633）八月也……还送寒陵之山，凿窟处之，经春不朽，俨然如初。"

定国寺占地一百亩，原为南北长方形院落，纵深设五层大殿，雕梁画栋，雄伟壮观，香火旺盛，高僧辈出。1951年毁，1997年开始修复。

河南省考古工作者刘斌博士记写：定国寺，位于河南省安阳市东北侧9公里处的韩陵山之顶。始建于北魏中兴二年（532），占地66679平方米。1990—1995年先后经安阳县宗教局和安阳市宗教局批准为正式佛教活动场所。"韩陵片石"为安阳八大景之一。

北魏丞相高欢曾于此处击败尔朱兆，为了纪念此事，特在韩陵山修建定国寺，并树碑旌功，由温子升撰写碑文。其碑颇负盛名，为安阳一大名胜。定国寺附近还有其他名胜古迹11处之多。历史上的定国寺始建于北魏孝武帝永熙元年（532）闰三月，渤海王高欢与左右北魏朝政的尔朱弟兄在邺城南韩陵山下进行了一场大战。高欢以3万人马大败号称有20万大军的尔朱氏联军（见《资治通鉴》卷第一百五十五《梁纪十一》）。战争结束后，高欢在韩陵山修筑寺院，命温子升撰碑文纪念其功绩。温子升遂作《韩陵山寺碑序》，后人称《韩陵山寺碑》或《韩陵碑》。碑文云："既考兹沃壤，建此精庐（寺院）……经始等于佛功，制作同于造化，悬心是归，净行攸处，神异毕臻，灵仙总萃……固以传之不朽，终亦记此无忘。"五代时，韩陵山寺改名为定国寺。

### 显化寺

该佛寺在河北省邢台市隆尧县，为北魏永熙年（532—534）建置。

方志《乾隆隆平县志》卷二《建置志·寺观》记载："显化寺，在显化村，创于魏永熙年间（532—534）。先在村西，近河，明成化壬寅（1482）水泛寺坏，徙于村东。"

### 延祥寺

该佛寺在山东省潍坊市青州市,为北魏永熙年(532—534)建置。

方志《光绪益都县图志》卷一三《营建志上·坛庙·寺观》记载:"延祥寺,在城东北二十三里段家庄,魏永熙时(532—534)建。"

1964年,原延祥寺造像刻石被益都县博物馆收藏。该造像石碑高178厘米,宽113厘米,正面镌刻有一佛二菩萨,下面有连体方形台座。佛座正面题记刻写:此像刻造于北魏永熙二年(533)。明成化五年(1469)《重修延祥寺碑》记载:"元代以前,此地居民稠密,元末兵祸,寺毁于战火。明洪武二十五(1392),和尚湛喜曾重建。后寺院几建几废,今寺址无存。"

### 崇福寺(乙)

该佛寺在山西省大同市浑源县,为北魏时(386—534)建置。

方志《山西通志》卷一六九《寺观二·大同府·浑源县》记载:"崇福寺,在州南九十里王家庄,元魏时建。"

方志《成化山西通志》卷五《寺观》记载:"国朝洪武九年(1376)修。"

### 大云寺上院

该佛寺在山西省大同市浑源县,为北魏时(386—534)建置。

方志《山西通志》卷一六九《寺观二·大同府·浑源县》记载:"大云寺有二:一在州西南四十里龙山,为上院。一在城西荆家庄,为下院。胥元魏时建。"

### 大云寺下院

该佛寺在山西省大同市浑源县,为北魏时(386—534)建置。

方志《顺治浑源州志》卷上《封建志·寺庙》记载:"大云禅林,一在龙山上,为上院,今废。一在城西荆家庄,为下院,今存。具建自元魏。"

乾隆二十八年(1763)《浑源县志》记载:"大云寺旧志,大云禅寺二,一在城西南四十里龙山为上院,一在城西荆庄为下院,胥元魏时建。"

### 宝泰寺

该佛寺在山西省长治市黎城县,为北魏时(386—534)建置。

方志《光绪黎城县续志》卷一《政事志·寺观》记载:"宝泰寺,在故县村,距城八里。碑文被风雨剥落,模糊难辨,其略云:'邑人故襄垣郡守郭烋建,隋开皇五年(585),烋之从子伯珠重修。……考襄垣为郡，始于元魏，废于高齐，则斯寺不特非隋，并非周齐，为北魏古寺矣。'"

### 崇寿寺

该佛寺在山西省晋城市，为北魏时（386—534）建置。

方志《雍正泽州府志》卷二一《营建志·寺观·凤台县》记载："崇寿寺，在城北郜村，后魏建。"

《钦定古今图书集成方舆汇编职方典》第三百六十一卷《泽州祠庙考》记载："崇寿寺，在城北郜村，后魏建。"

方志《乾隆凤台县志》卷一二《寺观》记载："内有北魏碑三，字已漫灭。唐石幢二，宋天圣（1023—1032）卧碑及金兴定（1217—1222）碑、元皇庆（1312—1313）碑。寺西二里许石佛岩，又有北魏（386—534）、唐天祐（904—907）、宋端拱（988—989）石刻。"

### 德胜寺

该佛寺在山西省晋城市沁水县，为北魏时（386—534）建置。

方志《雍正泽州府志》卷二一《营建志·寺观·沁水县》记载："德胜寺，在县东九十里端氏镇，元魏时建。"

《钦定古今图书集成方舆汇编职方典》第三百六十一卷《泽州祠庙考》记载："德胜寺，在县东九十里端氏镇，魏建。"

## 榼山寺

该佛寺在山西省晋城市沁水县,为北魏时(386—534)建置。

方志《山西通志》卷一七〇《寺观三·泽州府·沁水县》记载:"大云寺,在县东九十里榼山。元魏时建,一名榼山寺。"

《钦定古今图书集成方舆汇编职方典》第三百六十一卷《泽州祠庙考》记载:"大云寺,在县东九十里,魏建。名榼山寺。唐景福元年(892)赐额大云寺,明成化十六年(1480)修。"

方志《万历山西通志》卷二六《寺观·泽州》记载:"唐景福元年(892)赐今额,国朝成化十六年(1480)重修。"

方志《光绪沁水县志》卷九《祠祀·寺观》记载:"殿前有白松三,每至月出,绿荫萧森,榼山夜月为邑景之一。"

## 延祚寺

该佛寺在山西省运城市永济市,为北魏时(386—534)建置。

方志《光绪虞乡县志》卷一〇《方外志·寺观》记载:"延祚寺,在县西十五里孙常镇。肇建于元魏,重修于贞观(627—649),周显德间(954—960)遭回禄。宋太祖游关西,暂寓方山。太平兴国二年(977)敕修,赐号延祚寺,为方山卜院。明嘉靖乙卯(1555)寺倾,万历二十五年(1597)重建,山阴王朱俊栅撰记。

崇祯十一年（1630）重修，吴阿衡撰记，端居道人朱廷理立石。内有大锅，可食千人，寺僧宗还铸。"

现存有《延祚禅林周围全图》石碑一通，高1.5米，宽1.1米，厚0.1米。该碑图文清晰，真实地反映了原寺院的建筑规模和禅林气象。

### 铜钟寺

该佛寺在山西省忻州市五台县，为北魏时（386—534）建置。

文献《广清凉传》卷上记载："东台东大会谷内，有铜钟寺，魏时所置。寺有铜钟，可受三十斛，形如瓮腹，身作八棱，刻子魏都。金刚填陷，象鼻隐起，杂宝庄严，龙象绕身，神仙遍腹，参辰、日月、释梵之形，列于顶上。中平元年（184），有僧惠澄，寓止兹寺。后因传戒，远赴京都，数载方还，失钟所在，徘徊恻怆，痛悼弥深。忽见异人，僧诘其所，答云：'余，此山神。钟已收入金刚窟中，本兜率天王所造。'澄曰：'非也，此是拘楼秦佛之时所造，山神何故收入金刚窟内？'澄遂于寺勒石为铭曰：'寺法鼓，窟为邻，击振吼，腻吒闻。集贤圣，灭苦因，被收入，金刚轮。谁得知，见山神，万圣前，六时闻。书翠凤，镌白银，表铜钟之去处，绝后代之疑人。'"

## 观海寺

该佛寺在山西省忻州市五台县,为北魏时(386—534)建置。

方志《山西通志》卷一七一《寺观四·代州·五台县》记载:"观海寺,在明月池侧。元魏建,明成化间(1465—1487)僧月舟重修。"

《清凉山志》卷二记载:"观海寺,在大文殊院南二里,元魏建,成化间月舟禅师重修。清康熙间(1662—1722),吻叶和尚重建,后有夫缘和尚中兴,立为十方常住,慈心利物,本分为人。法本诗:'万松深处梵王宫,幕翠回岚知几重。定起峰头新月上,一枝松影下帘栊。'"

## 公主寺

该佛寺在山西省忻州市繁峙县,为北魏时(386—534)建置。

方志《山西通志》卷一七一《寺观四·代州·繁峙县》记载:"公主寺,在县南二十里公主村。"

文献《广清凉传》卷上记载:"北台之西,繁峙县东南,有一寺名公主寺,后魏文帝第四女信诚公主所置。年代浸远,尼众都绝。房廊院宇,佛殿讲堂,九女浮屠,瓦甓犹存。"

文献《清凉山志》卷二记载:"台西北谷,元魏第四诚信公主出家建。唐有尼，掘得尺璧，献武则天，下敕重建。唐末，唯德禅师重修。"

方志道光《繁峙县志》卷二《坛庙门·寺观》记载："唐末（907）唯德禅师重修。"

### 金城寺

该佛寺在安徽省巢湖市，为北魏时（386—534）建置。

方志《嘉庆庐州府志》卷一九《寺观志·巢县》引《明崇祯志》记载："金城寺，在县西南一百里。"又引《康熙志》记载："元魏丙午（466），有浮屠善询者创寺，历唐宋，兴废不一。"

### 广福寺

该佛寺在山东省烟台市莱州市，为北魏时（386—534）建置。

方志《乾隆掖县志》卷五《寺观》记载："妙觉寺，城隍庙东，规制甚狭。北魏名广福寺，在今察院地，后迁于此，无碑记可考。"

清咸丰《青州府志》记载："广福寺，在劈山东麓。金皇统八年（1148）重修，有隋大业（605—616）隶书碑记。"

《续高僧传》卷第二十八《隋京师转轮寺释智能传四十》记载："释智能，李氏，怀州河内人。布意远尘束怀律教，收听令誉风被河右……仁寿（601—604）置塔，奉敕召送于青州胜福寺中……古名岩势之道场也,元魏末时创开此额。"

《光绪益都县图志》卷十三《营建志上》记载:"广福寺,在城南十里劈山东麓,创始无考。寺内有武定二年(544)造像,则亦北魏建矣。隋曰'胜福',唐以后始易今名(广福寺)。今皇统八年(1148)重修,明永乐以后迭次修葺,国朝康熙间渐次颓圮。"

大觉寺(丙)

该佛寺在山东省潍坊市诸城市,为北魏时(386—534)建置。

方志《乾隆诸城县志》卷七《建置考》记载:"西宁门外龙兴寺,相传建于唐贞观十三年(639),亦名石佛寺。有古塔,即后魏大觉寺也。"

光化寺(甲)

该佛寺在山东省泰安市,为北魏时(386—534)建置。

方志《民国重修泰安县志》卷二《舆地志·建置三·坛庙祠宇》记载:"光化寺,在徂徕东南麓。创于后魏,至隋乃有今名。历唐经五季(907—960)之乱而废,宋祥符七年(1014)复赐号崇庆。金贞祐(1213—1217)之变,荡为灰烬。元初(1206—1227)副元帅泰定军节度使时侯再请晖公长老住持,寺于是复起,有高翱碑记。"

元代《重修光化寺碑》记载:"徂徕光化寺者,其来远矣,始创基于后魏,至隋朝而有光化之名。唐有天下三百余年,衣钵相传,宗派不泯。"

寺址曾出土北魏太和三年(479)羊银光刻石造像题记。

## 武顶寺

该佛寺在山东省泰安市,为北魏时(386—534)建置。

方志《民国重修泰安县志》卷二《舆地志·建置三·坛庙祠宇》记载:"淳于武顶寺,在淳于,地方相传为北魏时建。"

《泰安县志》记载:"北魏建武定寺,槐植于寺中,故称'魏槐'。"

## 道场寺

该佛寺在河南省郑州市登封市嵩山,为北魏时(386—534)建置。

典籍《洛阳伽蓝记》卷五《城北》记载:"嵩高中有闲居寺、栖禅寺、嵩阳寺、道场寺,上有中顶寺,东有升道寺。京南关口有石窟寺、灵岩寺;京西瀍涧有白马寺、照乐寺。如此之寺,既郭外,不在数限,亦详载之。"

史籍《魏书》卷九十列传第七十八《冯亮》记载:"延昌二年

(513)冬,因遇笃疾,世宗敕以马舆送令还山,居嵩高道场寺。数日而卒。诏赠帛二百匹,以供凶事。遗诫兄子综,敛以衣帢,左手持板,右手执《孝经》一卷,置尸磐石上,去人数里外。积十余日,乃焚于山。以灰烬处,起佛塔经藏。"

中顶寺

该佛寺在河南省郑州市登封市嵩山,为北魏时(386—534)建置。

典籍《洛阳伽蓝记》卷五《城北》记载:"嵩高中有闲居寺、栖禅寺、嵩阳寺、道场寺,上有中顶寺,东有升道寺。"

方志《乾隆登封县志》卷一二引《河南府志》记载:"中顶、升道、栖禅,在嵩顶上。"

方志《乾隆登封县志》卷一二记载:"五代晋有峻极寺,疑即后魏中顶寺也。晋赐峻极额时,并建峻极中院、峻极下院,中院在今二郎观西,有废址。下院在今登封西关,二院皆得曰峻极寺。"

升道寺

该佛寺在河南省郑州市登封市嵩山,为北魏时(386—534)建置。

典籍《洛阳伽蓝记》卷五《城北》记载:"嵩高中有闲居寺、

栖禅寺、嵩阳寺、道场寺。上有中顶寺，东有升道寺。"

方志《乾隆登封县志》卷一二引《河南府志》记载："中顶、升道、栖禅，在嵩顶上。"

### 栖禅寺（甲）

该佛寺在河南省郑州市登封市嵩山，为北魏时（386—534）建置。

典籍《洛阳伽蓝记》卷五《城北》记载："天平元年（534），迁都邺城，洛阳余寺四百二十一所。北邙山上有冯王寺、齐献武王寺。京东石关有元领军寺、刘长秋寺，嵩高中有闲居寺、栖禅寺、嵩阳寺、道场寺，上有中顶寺，东有升道寺。京南关口有石窟寺、灵岩寺；京西瀍涧有白马寺、照乐寺。如此之寺，既郭外，不在数限，亦详载之。"

### 栖禅寺（乙）

该佛寺在河南省郑州市登封市嵩山，为北魏时（386—534）建置。

方志《乾隆登封县志》卷一二记载："《伽蓝记》有两栖禅寺，一在山上，一在山下，皆不可确指。"

### 双林寺

该佛寺在河南省郑州市登封市，为北魏时（386—534）建置。

方志《乾隆登封县志》卷一二记载："后魏双林寺，《释氏通鉴》（言）：傅大士问嵩头陀修道之地，嵩指嵩山双梼树，即今双林寺也。"

### 般舟尼寺

该佛寺在河南省郑州市登封市，为北魏时（386—534）建置。

方志《河南府志·寺庙》记载："般舟尼寺，在登封县北一十五里。后魏建，唐元和四年（809）重修。"

### 会善寺

该佛寺在河南省郑州市登封市嵩山南麓积翠峰下，为北魏时（386—534）建置。

方志《明一统志》卷二九《河南府·寺观》记载："会善寺，在登封县西，后魏时建。"

北宋开宝五年（972）《嵩山会善寺重修佛殿碑记》记载："会善寺者，基构资始，本后魏孝文之离宫，栋宇相楯，为澄觉禅师精舍。"

河南省考古工作者刘斌博士记写：会善寺位于登封市区西区6

公里太室山南麓积翠峰下，其前身是北魏孝文帝元宏的一所离宫，魏亡后舍宫为寺。隋开皇五年（585）改名嵩岳寺，后隋文帝赐名会善寺。会善寺是嵩山地区最著名的寺院之一，是古代嵩山地区僧人的受戒中心，和少林寺、法王寺、嵩岳寺并称为嵩山四大寺院。著名的高僧普寂、净藏及著名的天文学家僧一行等都出自会善寺。

武则天游幸嵩山时，曾到会善寺拜访高僧道安禅师，并称之为"老安国师"。之后，僧一行、玄同在会善寺创建琉璃戒坛，成为当时全国三大戒坛之一和僧人受戒中心。唐代增建殿宇、戒坛、塔，规模宏大，高僧辈出，如元同、净藏及天文学家一行等皆出于该寺。元、明、清均有修整，但规模逐渐缩小，现在寺院的范围，包括常住院、戒坛遗址、古塔以及寺内碑碣、造像等文物。

该寺坐北朝南，现存二进二院，西院11座建筑，东院7座。其中大雄宝殿面阔五间，进深三间，单檐歇山灰筒瓦绿琉璃瓦剪边顶，殿檐下施有硕大的斗拱，殿内作减柱造。殿正面明间为隔扇门，余四间皆为隔扇槛窗，背面明间用门板。始建于元代，后多次重修，现殿内木架及檐下斗拱均为元代遗物。除大殿外，其他建筑均为硬山式灰瓦顶。寺内现存北齐《会善寺碑》等碑碣石刻30余通，唐至清古树120余株，明代铸大铁钟一口。寺周现存清代古塔4座。

### 元领军寺

该佛寺在河南省郑州市巩义市，为北魏时（386—534）建置。

典籍《洛阳伽蓝记》卷五《城北》记载："京东石关有元领军寺、刘长秋寺。"

方志《民国巩县志》卷四《舆地志·古迹》引《河南府志》（言）："后魏元领军寺，今县西洛水北有地名石关，即寺所在。"

### 育王寺

该佛寺在河南省洛阳市，为北魏时（386—534）置存。

佛教典籍《佛祖历代通载》第七卷引《魏书·释老志》其略曰："佛既谢世，香木焚尸，灵骨分碎，大小如粒。击之不坏，焚亦不焦，或有光明神验，谓之舍利。弟子收奉，竭香花，致敬慕，建宫宇，谓之为塔，塔亦胡言，犹宗庙也，故时称为塔庙者是矣。于后百年有王阿育者，以神力分佛舍利，役诸鬼神造八万四千塔，布于世界，皆同日而就。今洛阳、彭城、姑臧、临淄，皆有育王寺，盖承其遗迹焉。而影迹爪齿留于天竺，中途往来者咸言见之。"

洛阳水泉石窟摩崖碑刻记载："洛州阿育王寺造铜像三区，各长三尺，金度色，并佛辇舆。"

## 高阳王寺

该佛寺在河南省洛阳市东北汉魏故城,为北魏时(386—534)建置。

典籍《洛阳伽蓝记》卷三《城南》记载:"高阳王寺,高阳王雍之宅也,在津阳门外三里御道西。雍为尔朱荣所害也,舍宅以为寺。正光(520—525)中,雍为宰相,给舆羽葆鼓吹、虎贲班剑百人,贵极人臣,富兼山海,居止第宅,匹于帝宫。白壁丹楹,窈窕连亘,飞檐反宇,缪䌽周通。僮仆六千,伎女五百,隋珠照日,罗衣从风,自汉晋以来,诸王豪侈,未之有也。出则鸣驺御道,文物成行,铙吹响发,笳声哀转。入则歌姬舞女,击筑吹笙,丝管迭奏,连宵尽日。其竹林鱼池,侔于禁苑,芳草如积,珍木连阴。"

高阳王,元雍,北魏献文帝第四子,封高阳王。《魏书》卷二十一上列传第九上《高阳王雍》记载:"高阳王雍,字思穆,少而倜傥不恒。高祖曰:'吾亦未能测此儿之深浅,然观其任真率素,或年器晚成也。'太和九年(485),封颍川王,加侍中、征南大将军。或说雍曰:'诸王皆待士以营声誉,王何以独否?雍曰:'吾天子之子,作为诸王,用声名何为?'久之,拜中护军,领镇北大将军。改封高阳,奉迁七庙神主于洛阳。"

## 景乐寺

该佛寺在河南省洛阳市东北汉魏故城，为北魏时（386—534）建置。

典籍《洛阳伽蓝记》卷一《城内》记载："景乐寺，太傅清河文献王怿所立也。怿是孝文皇帝之子，宣武皇帝之弟。阊阖南，御道东。西望永宁寺正相当。寺西有司徒府，东有大将军高肇宅。北连义井里。义井里北门外有桑树数株，枝条繁茂。下有甘井一所，石槽铁罐，供给行人，饮水庇荫，多有憩者。有佛殿一所，像辇在焉。雕刻巧妙，冠绝一时。堂庑周环，曲房连接，轻条拂户，花蕊被庭。至于大斋，常设女乐。歌声绕梁，舞袖徐转，丝管寥亮，谐妙入神。以是尼寺，丈夫不得入。得往观者，以为至天堂。及文献王薨，寺禁稍宽，百姓出入，无复限碍。后汝南王悦复修之。"

《钦定古今图书集成方舆汇编职方典》第四百三十四卷《河南府祠庙考下·寺观附》记："景乐寺，清河文献王怿建。堂庑周环，曲房连接，为尼寺之冠。"

## 融觉寺

该佛寺在河南省洛阳市东北汉魏故城，为北魏时（386—534）建置。

# 北魏佛寺

典籍《洛阳伽蓝记》卷四《城西》记载："融觉寺，清河文献王怿所立也，在阊阖门外御道南。有五层浮屠一所，与冲觉寺齐等。佛殿僧房，充溢一里。比丘昙谟最善于禅学，讲《涅槃》《华严》，僧徒千人，天竺国胡沙门菩提流支见而礼之，号为菩萨。流支解佛义，知名西土，诸夷号为罗汉，晓魏言及隶书，翻《十地》《楞伽》及诸经论二十三部。虽石室之写金言，草堂之传真教，不能过也。流支读昙谟最《大乘义章》，每弹指赞叹，唱言微妙。即为胡书写之，传之于西域，西域沙门常东向遥礼之，号昙谟最为东方圣人。"

佛教典籍《续高僧传》卷第二十三《魏洛都融觉寺释昙无最传》记载："释昙无最，姓董氏，武安人。灵悟洞微，餐寝玄秘，少禀道化，名垂朝野，为三宝之良将……后敕住洛都融觉寺，寺即清河文献怿所立，廊宇充溢。"

## 王典御寺

该佛寺在河南省洛阳市东北汉魏故城，为北魏时（386—534）建置。

典籍《洛阳伽蓝记》卷四《城西》记载："宣忠寺东王典御寺，阉官王桃汤所立也。时阉官伽蓝皆为尼寺，唯桃汤独造僧寺，世人称之英雄。门有三层浮屠一所,工逾昭义。宦者招提,最为入室。至于六斋,常击鼓歌舞也。"

### 法云寺

该佛寺在河南省洛阳市东北汉魏故城,为北魏时（386—534）建置。

典籍《洛阳伽蓝记》卷四《城西》记载:"法云寺,西域乌场国胡沙门昙摩罗所立也。在宝光寺西,隔墙并门。摩罗聪慧利根,学穷释氏。至中国,即晓魏言隶书,凡闻见,无不通解,是以道俗贵贱,同归仰之。作祇洹一所,工制甚精。佛殿僧房,皆为胡饰。丹素炫彩,金玉垂辉,摹写真容,似丈六之见鹿苑;神光壮丽,若金刚之在双林。伽蓝之内,花果蔚茂,芳草蔓合,嘉木被庭。京师沙门好胡法者,皆就摩罗受持之。戒行真苦,难可揄扬。秘咒神验,阎浮所无。咒枯树能生枝叶,咒人变为驴马,见之莫不忻怖。西域所赍舍利骨及佛牙经像皆在此寺。"

### 河间寺

该佛寺在河南省洛阳市东北汉魏故城,为北魏时（386—534）建置。

典籍《洛阳伽蓝记》卷四《城西》记载:"四月初八日,京师士女，多至河间寺。观其廊庑绮丽，无不叹息，以为蓬莱仙室，亦不是过。入其后园，见沟渎蹇产，石磴礁峣，朱荷出池，绿萍浮水，飞梁跨阁，高树出云，咸皆啧啧，虽梁王兔苑想之不如也。"

方志《河南志》卷三记载："自延酤以西，张方沟以东，南临洛水，北达邙山，其间东西二里，南北十五里，并名为寿邱里，皆宗室所居，民间号王子坊。皆崇门丰室，洞户连房，有河间王琛宅最为豪首。……经河阴之役，诸王歼尽，其宅多以为寺，寿邱里间列刹相望。四月八日，京都士女多至河间寺，观其堂庑焉。"

### 祇洹寺

该佛寺在河南省洛阳市东北汉魏故城，为北魏时（386—534）建置。

典籍《洛阳伽蓝记》卷四《城西》记载："在宝光寺西，隔墙并门。摩罗聪慧利根，学穷释氏，至中国，即晓魏言隶书，凡闻见，无不通解，是以道俗贵贱，同归仰之，作祇洹一所，工制甚精。佛殿僧房，皆为胡饰，丹素炫彩，金玉垂辉。摹写真容，似丈六之见鹿苑；神光壮丽，若金刚之在双林。伽蓝之内，花果蔚茂，芳草蔓合，嘉木被庭。京师沙门好胡法者，皆就摩罗受持之，戒行真苦，难可揄扬。秘咒神验，阎浮所无。咒枯树能生枝叶，咒人变为驴马，见之莫不忻怖。西域所赍舍利骨及佛牙经像皆在此寺。"

河南省考古工作者刘斌博士记写：祇洹寺原本在古印度，《中天竺舍卫国祇洹寺图经》是唐代律师道宣圆寂当年的作品。这部图经以古印度舍卫城祇洹寺为叙述主体记录了这座佛寺千百年来的兴衰历史并详细描绘了其建筑格局。作为佛陀在世时安居二十余载的处所，祇洹寺的故事出现在多部印度经文及中文经文当中。东晋僧人法显和唐代高僧玄奘在西行途中都曾寻访此地，敦煌莫高窟里也有若干表现祇洹寺传说的壁画。然而道宣笔下的《祇洹寺图经》并非仅是一座古印度寺庙的概括介绍。这部作品中用文字构建出的庞大寺院被研究者称为唐代早期理想寺院模式的蓝本，对隋唐汉地佛教寺院殿阁配置、空间格局与发展演变的研究有重要意义。

### 匹娄王寺

该佛寺在河南省洛阳市东北汉魏故城，为北魏时（386—534）建置。

方志《洛阳志·寺观》记载："修竹尼寺，在思顺坊。本后魏（386—534）匹娄王寺，在故城之西。隋大业三年（607），改修竹寺，徙陶化坊。唐武德元年（618），徙偃师县。显庆二年（657），徙于此。景龙三年（709），改昭成寺。旧《图经》云，晋天福四年

(939),改复旧名。"

### 开善寺

该佛寺在河南省洛阳市东北汉魏故城,为北魏时(386—534)建置。

典籍《洛阳伽蓝记》卷四《城西》记载:"阜财里内有开善寺,京兆人韦英宅也。英早卒,其妻梁氏不治丧而嫁,更纳河内人向子集为夫。虽云改嫁,仍居英宅。英闻梁氏嫁,白日来归,乘马将数人至于庭前,呼曰:'阿梁,卿忘我耶?'子集惊怖,张弓射之,应弦而倒,即变为桃人,所骑之马亦变为茅马,从者数人尽化为蒲人。梁氏惶懅,舍宅为寺。"

### 龙华寺(甲)

该佛寺在河南省洛阳市东北汉魏故城,为北魏时(386—534)建置。

典籍《洛阳伽蓝记》卷三《城南》记载:"龙华寺,广陵王所立也;追圣寺,北海王所立也。并在报德寺之东。法事僧房,比秦太上公。京师寺皆种杂果,而此三寺,园林茂盛,莫之与争。"

### 正觉寺

该佛寺在河南省洛阳市东北汉魏故城,为北魏时(386—534)

建置。

典籍《洛阳伽蓝记》卷三《城南》记载："劝学里东有延贤里，里内有正觉寺，尚书令王肃所立也。肃字公懿，琅琊人也。伪齐雍州刺史奂之子也。赡学多通，才辞美茂，为齐秘书丞，太和十八年（494），背逆归顺。时高祖新营洛邑，多所造制，肃博识旧事，大有裨益。高祖甚重之，常呼王生。延贤之名，因肃立之。肃在江南之日，聘谢氏女为妻。及至京师，复尚公主。谢作五言诗以赠之。其诗曰：'本为箔上蚕，今作机上丝。得路逐胜去，颇忆缠绵时。'公主代肃答谢云：'针是贯线物，目中恒任丝。得帛缝新去，何能衲故时。'肃甚有愧谢之色，遂造正觉寺以憩之。"

追圣寺

该佛寺在河南省洛阳市东北汉魏故城，为北魏时（386—534）建置。

见丁《洛阳伽蓝记》卷三。

参见"龙华寺"条。

双女寺

该佛寺在河南省洛阳市东北汉魏故城，为北魏时（386—534）建置。

典籍《洛阳伽蓝记》卷三《城南》记载:"东有秦太上公二寺,在景明南一里。西寺,太后所立;东寺,皇姨所建,并为父追福,因以名之。时人号为双女寺。并门邻洛水,林木扶疏,布叶垂阴。各有五层浮屠一所,高五十丈,素彩画工,比于景明。至于六斋,常有中黄门一人,监护僧舍,衬施供具,诸寺莫及焉。寺东有灵台一所,基址虽颓,犹高五丈余,即是汉光武帝所立者。灵台东辟雍,是魏武所立者。至我正光(520—525)中,造明堂于辟雍之西南,上圆下方,八窗四闼。汝南王复造砖浮屠于灵台之上。"

### 东寺

该佛寺在河南省洛阳市东北汉魏故城,为北魏时(386—534)建置。

见于《洛阳伽蓝记》卷三。

参见"双女寺"条。

### 西寺

该佛寺在河南省洛阳市东北汉魏故城,为北魏时(386—534)建置。

见于《洛阳伽蓝记》卷三。

参见"双女寺"条。

### 景宁寺

该佛寺在河南省洛阳市东北汉魏故城，为北魏时（386—534）建置。

典籍《洛阳伽蓝记》卷二《城东》记载："景宁寺，太保司徒公杨椿所立也。在青阳门外三里御道南，所谓景宁里也。高祖迁都洛邑，椿创居此里，遂分宅为寺，因以名之。制饰甚美，绮柱朱帘。椿弟慎，冀州刺史；慎弟津，司空。并立性宽雅，贵义轻财。四世同居，一门三从，朝贵义居，未之有也。普泰中（531），为尔朱世隆所诛。后舍宅为建中寺。"

《钦定古今图书集成方舆汇编职方典》第四百三十四卷《河南府祠庙考下·寺观附》记："太保司徒杨椿建。在景宁里椿居，此里分宅为寺。"

### 灵应寺

该佛寺在河南省洛阳市东北汉魏故城，为北魏时（386—534）建置。

典籍《洛阳伽蓝记》卷二《城东》记载："时有隐士赵逸，云是晋武时人，晋朝旧事，多所记录。正光初（520），来至京师，见子休宅，叹息曰：'此宅中朝时太康寺也。'时人未之信，遂问寺之由绪。逸云：'龙骧将军王濬平吴之后，始立此寺。本有三层浮屠，用砖为之。'指子休园中曰：'此是故处。'子休掘而验之，果得砖数十万。兼有石铭云：'晋太康六年（285），岁次乙巳，九月甲戌朔，八日辛巳，仪同三司襄阳侯王濬敬造。'时园中果菜丰蔚，林木扶疏，乃服逸言，号为圣人。子休遂舍宅为灵应寺。所得之砖，还为三层浮屠。"

《太平广记》卷八十一记言："后魏崇义里有杜子休宅，地形显敞，门临御路。时有隐士赵逸者，云是晋武时人，晋朝旧事，多所记录。正光初（520）来至京师，见子休宅，叹息曰：'此是晋朝太康寺也。'时人未之信，问其由，答曰：'龙骧将军王浚平吴后，立此寺，本有三层浮屠，用砖为之。'指子休园曰：'此是故处。'子休掘而验之，果得砖数万，并有石铭云：'晋太康六年，岁次乙巳，九月甲戌朔，八日辛巳，仪同三司襄阳侯王浚敬造。'时园中果菜丰蔚，林木扶疏，乃服逸言，号为圣人。子休遂舍宅为灵寺。"

《钦定古今图书集成方舆汇编职方典》第四百三十四卷《河南府祠庙考下·寺观附》记："灵应寺，在崇义里，京兆人杜子休宅。时有隐士赵逸云是晋武时人，见子休宅，叹曰：'此中朝时，太康寺也。人未之信逸云。王浚平吴之后始建此寺。有三层浮屠，用砖为之。指子休园中曰：此处是故处，子休掘而验之，果得砖数十万，并石铭：乃太康六年，栗阳侯王浚造，因惑逸言，遂舍宅为寺。"

### 秦太上君寺

该佛寺在河南省洛阳市东北汉魏故城，为北魏时（386—534）建置。

典籍《洛阳伽蓝记》卷二《城东》记载："秦太上君寺，胡太后所立也。在东阳门外二里御道北，所谓晖文里。里内有太保崔光、太傅李延寔、冀州刺史李韶、秘书监郑道昭等四宅。并丰堂崛起，高门洞开。赵逸云：'晖文里是晋马道里。延寔宅是蜀主刘禅宅，延寔宅东有修和宅，是吴王孙皓宅。李韶宅是晋司空张华宅。'当时太后正号崇训，母仪天下，号父为秦太上公，母为秦太上君。为母追福，因以名焉。中有五层浮屠一所，修刹入云，高门向街。佛事庄饰，等于永宁。诵室禅堂，周流重叠，花林芳草，遍满阶墀。常有大德名僧，讲一切经，受业沙门，亦有千数。"

### 秦太上公寺

该佛寺在河南省洛阳市东北汉魏故城，为北魏时（386—534）建置。

典籍《洛阳伽蓝记》卷二《城东》记载："当时太后，正号崇训，母仪天下，号父为秦太上公，母为秦太上君，为母追福，因以名焉。"

史籍《魏书》卷十九中列传第七中《景穆十二王·任城王》记载："灵太后锐于缮兴，在京师则起永宁、太上公等佛寺，功费不少，外州各造五级浮屠。又数为一切斋会，施物动至万计。百姓疲于土木之功，金银之价为之踊上，削夺百官事力，费损库藏，兼曲赉左右，日有数千。"

《魏书》卷九十四列传第八十二《刘腾》言："灵太后临朝，特蒙进宠，多所干讬内外碎密，栖栖不倦。洛北永桥，太上公、太上君及城东三寺，皆主修营。"

### 景兴尼寺

该佛寺在河南省洛阳市东北汉魏故城，为北魏时（386—534）建置。

典籍《洛阳伽蓝记》卷二《城东》记载："石桥南道有景兴尼寺，亦阉官等所共立也。有金像辇，去地三尺，上施宝盖，四面垂金铃、七宝珠，飞天伎乐，望之云表。做工甚精，难可扬搉。像出之日，常诏羽林一百人举此像。丝竹杂技，皆由旨给。"

## 愿会寺

该佛寺在河南省洛阳市东北汉魏故城,为北魏时(386—534)建置。

典籍《洛阳伽蓝记》卷一《城内》记载:"昭仪寺有池,京师学徒谓之翟泉也。……池西南有愿会寺,中书侍郎王翊舍宅所立也。佛堂前生桑树一株,直上五尺,枝条横绕,柯叶傍布,形如羽盖。复高五尺,又然。凡为五重,每重叶楂各异,京师道俗谓之神桑。观者成市,施者甚众。帝闻而恶之,以为惑众,命给事中黄门侍郎元纪伐杀之。其日云雾晦冥,下斧之处,血流至地,见者莫不悲泣。寺南有宜寿里,内有苞信县令段晖宅,地下常闻钟声。……晖遂舍宅为光明寺。"

## 长秋寺

该佛寺在河南省洛阳市东北汉魏故城,为北魏时(386—534)建置。

典籍《洛阳伽蓝记》卷一《城内》记载:"长秋寺,刘腾所立也。腾初为长秋卿,因以为名。在西阳门内御道北一里,亦在延年里,即是晋中朝时金市处。寺北有濛汜池,夏则有水,冬则竭矣。中有三层浮屠一所,金盘灵刹,曜诸城内。作六牙白象负释迦在虚空中。庄严佛事，悉用金玉，工作之异，难可具陈。四月四日，此像常出，辟邪师子导引其前。吞刀吐火，腾骧一面；彩幢上索，诡谲不常。奇伎异服，冠于都市。像停之处，观者如堵，迭相践跃，常有死人。"

《钦定古今图书集成方舆汇编职方典》第四百三十四卷《河南府祠庙考下·寺观附》记："长秋寺，刘腾创建。腾初为长秋郎，因以为寺。"

## 刘长秋寺

该佛寺在河南省洛阳市东北汉魏故城，为北魏时（386—534）建置。

典籍《洛阳伽蓝记》卷五《城北》记载："京东石关有元领军寺、刘长秋寺。"

## 昭仪尼寺

该佛寺在河南省洛阳市东北汉魏故城，为北魏时（386—534）建置。

典籍《洛阳伽蓝记》卷一《城内》记载："昭仪尼寺，阉官等所立也。在东阳门内一里御道南。东阳门内道北有太仓、导官二署。东南治粟里，仓司官属住其内。……寺有一佛二菩萨，塑工精绝，京师所无也。四月七日，常出诣景明，景明三像恒出迎之，伎乐之盛，与刘腾相比。堂前有酒树面木。昭仪寺有池，京师学徒谓之翟泉也。……池西南有愿会寺，中书侍郎王翊舍宅所立也。佛堂前生桑树一株，直上五尺，枝条横绕，柯叶傍布，形如羽盖。"

文献《汉魏南北朝墓志汇编》所辑录的《魏故比丘尼统慈庆墓志铭》云："尼俗姓王氏，字钟儿，太原祁人，宕渠太守更象之女也。……侍护先帝于弱立之辰，保卫圣躬于载诞之日。虽劬劳密勿，未尝懈其心；力衰年暮，莫敢辞其事。寔亦直道之所依归，慈诚之所感结也。正光五年（524）尼之春秋八十有六，四月三日忽遘时疹，出居外寺。其月廿七日，车驾躬临省视，自旦达暮，亲监药剂。逮于大渐，余气将绝，犹献遗言，以赞政道。五月庚戌朔七日丙辰迁神于昭仪寺。"

### 光明寺

该佛寺在河南省洛阳市东北汉魏故城，为北魏时（386—534）建置。

典籍《洛阳伽蓝记》卷一《城内》记载："（愿会）寺南有宜寿里，内有苞信县令段晖宅，地下常闻钟声。时见五色光明，照于堂宇。晖其异之，遂掘光所，得金像一躯，可高三尺。并有二菩萨,趺上铭云:'晋泰始二年(266)五月十五日侍中中书监荀勖造'。晖遂舍宅为光明寺。时人咸云:'此荀勖旧宅'。其后,盗者欲窃此像,像与菩萨合声喝贼,盗者惊怖,应即殒倒。众僧闻像叫声,遂来捉得贼。"

《钦定古今图书集成方舆汇编职方典》第四百三十四卷《河南府祠庙考下·寺观附》记:"苞信县令段晖宅也,常闻钟磬声,掘得金像一躯,遂舍宅为寺。"

### 胡统寺

该佛寺在河南省洛阳市东北汉魏故城,为北魏时(386—534)建置。

典籍《洛阳伽蓝记》卷一《城内》记载:"胡统寺,太后从姑所立也,入道为尼,遂居此寺。在永宁南一里许。宝塔五重,金刹高耸。洞房周匝,对户交疏,朱柱素壁,甚为佳丽。其寺诸尼,帝城名德,善于开导,工谈义理,常入宫与太后说法。其资养缁流,从无比也。"

### 嵩明寺

该佛寺在河南省洛阳市东北汉魏故城,为北魏时(386—534)建置。

典籍《洛阳伽蓝记》卷一《城内》记载:"修梵寺,在清阳内御道北。嵩明寺复在修梵寺西,并雕墙峻宇,比屋连甍,亦是名寺也。修梵寺有金刚,鸠鸽不入,鸟雀不栖。菩提达摩云:'得其真相也'。"

### 明悬尼寺

该佛寺在河南省洛阳市东北汉魏故城,为北魏时(386—534)建置。

典籍《洛阳伽蓝记》卷二《城东》记载:"明悬尼寺,彭城武宣王勰所立也,在建春门外石桥南。榖水周围绕城至建春门外,东入阳渠石桥。桥有四柱,在道南,铭云:'汉阳嘉四年(135)将作大匠马宪造',逮我孝昌三年(527),大雨颓桥,柱始埋没。道北二柱,至今犹存。衒之案:刘澄之《山川古今记》、戴延之《西征记》并云:'晋太康元年(280)造',此则失之远矣。"

### 龙华寺(乙)

该佛寺在河南省洛阳市东北汉魏故城,为北魏时(386—534)建置。

典籍《洛阳伽蓝记》卷二《城东》记载:"龙华寺,宿卫羽林虎贲等所立也,在建春门外阳渠南。寺南有租场。阳渠北有建阳里,里内有土台,高三丈,上作二精舍。赵逸云:'此台是中朝旗亭也'。上有二层楼,悬鼓击之以罢市。有钟一口,撞之闻五十里。太后以钟声远闻,遂移在宫内,置凝闲堂前,讲《内典》,沙门打为时节。初,萧衍子豫章王综来降,闻此钟声,以为奇异,造《听钟歌》三首传于世。"

《钦定古今图书集成方舆汇编职方典》第四百三十四卷《河南府祠庙考下·寺观附》记:"龙华寺,有钟撞之声,震五十里。梁豫章、王萧综来降造,听钟歌三首。"

### 魏昌尼寺

该佛寺在河南省洛阳市东北汉魏故城,为北魏时(386—534)建置。

典籍《洛阳伽蓝记》卷二《城东》记载:"建春门外御道北,所谓建阳里也,即中朝时白社地,董威辇所居处。里内有璎珞、慈善、晖和、通觉、晖玄、宗圣、魏昌、熙平、崇真、因果等十寺。里内士庶二千余户,信崇三宝,众僧刹养,百姓所供也。……魏昌尼寺,阉官瀛洲刺史李次寿所立也。在里东南角,即中朝牛马市处也,刑嵇康之所。东临石桥,此桥南北行,晋太康元年(280)中朝时市南桥也。澄之等盖见北桥铭,因而以桥为太康初(280)

造也。"

### 奉先寺

该佛寺在河南省洛阳市龙门石窟西山,为北魏时(386—534)建置。

方志《嘉庆重修一统志》卷二〇七《河南府二·寺观》记载:"奉先寺,在洛阳县西南三十里阙塞山后,魏时建。唐杜甫《游龙门奉先寺》诗,'天阙象纬逼,云卧衣裳冷'即此。"

《钦定古今图书集成方舆汇编职方典》第四百三十四卷《河南府祠庙考下·寺观附》记:"宝应寺、嘉善寺、天竺寺、潜溪寺、奉先寺,以上俱在阙塞山。后魏时建。当时,极天下之胜,今广化、奉先仅存,余六寺俱废。"

### 乾元寺

该佛寺在河南省洛阳市龙门东山麓,为北魏时(386—534)建置。

典籍《河南通志》卷五十《寺观·河南府》记载:"乾元寺,在府城西南三十里。魏时创建,昔在伊阙东山之岭,明嘉靖间(1522—1566)迁于山之麓。"

《河南府志》记载:后魏所建"龙门八寺",分别为石窟寺、灵岩寺、乾元寺、广化寺、崇训寺、宝应寺、嘉善寺、天竺寺。

方志《乾隆洛阳县志》卷一一《古迹·寺观》记载："乾隆四年（1739）重修。"

《钦定古今图书集成方舆汇编职方典》第四百三十四卷《河南府祠庙考下·寺观附》记："乾元寺，在府城南三十里。旧在伊阙，东山之岭。魏时建龙门八寺，惟此为最。但去村窅远，屡被盗警。嘉靖庚申（1560）僧道连等谋迁山之麓。"

河南省考古工作者刘斌博士记写：乾元寺位于洛阳市城南龙门东山南端山麓。寺址原在山巅，明嘉靖三十九年（1560）僧道连迁建今址，抗日战争时被日军拆毁，近年当地佛教徒在遗址上建有部分房舍。

## 广化寺

该佛寺在河南省洛阳市龙门村西山岗上，为北魏时（386—534）建置。

方志《河南通志》卷五十《寺观·河南府》记载："广化寺，在府城西南三十里。元魏时创建，龙门八寺之一。"

《河南府志》记载：后魏所建"龙门八寺"，分别为石窟寺、灵岩寺、乾元寺、广化寺、崇训寺、宝应寺、嘉善寺、天竺寺。

方志《乾隆洛阳县志》卷一一《古迹·寺观》记载:"康熙四十四年（1705）修。"

《钦定古今图书集成方舆汇编职方典》第四百三十四卷《河南府祠庙考下·寺观附》记载:"广化寺，龙门八寺之一，元魏时（386—534）建。唐（647—876）无畏三藏，咒龙祷雨神，验叵测，既没，葬于斯寺。凡岁旱祈请，屡获灵应。"

河南省考古工作者刘斌博士记写：洛阳广化寺坐落于龙门石窟北侧龙门村西的山岗上，始建于北魏时期。善无畏先后在长安和洛阳翻译了大量的密教经典，开了密教在中国传播的先河，和同时代的另外两位高僧"金刚智"与"不空"并称为"开元三大士"。密教的最主要经典《大日经》就是经他口译，由弟子"一行"记录整理的。他在唐朝一共生活了19年，长寿至99岁，于开元二十三年（735）在洛阳大善寺圆寂并葬于龙门西山塔院。20多年后，即乾元元年（758），郭子仪奏请皇上将西川塔院改为广化寺，并请求为善无畏立一块行状碑（记录他生平事迹的纪念碑），得到了肃宗皇帝的同意。这就是唐代广化寺复建的开端。历史上，广化寺屡经战火，毁毁修修。

《洛阳县志》记载：清康熙四十四年（1705），僧照洪曾募修。

1966年毁，1992年重建。

### 石窟寺（乙）

该佛寺位于河南省洛阳市，为北魏时（386—534）建置。

《河南府志》卷十五《古迹志》记载："后魏所建龙门八寺，见于《伽蓝记》者，惟有石窟、灵岩二寺。余六寺见于《引旧洛志》者，曰乾元、曰广化、曰崇训、曰宝应、曰嘉善、曰天竺。而奉先、香山不与焉。然奉先、香山据《引旧洛志》亦建于后魏。八寺外益以奉先、香山则为十寺，故白居易记曰'龙门十寺，香山为冠'。"

### 嘉善寺

该佛寺在河南省洛阳市，为北魏时（386—534）建置。

《河南府志》卷十五《古迹志》，该佛寺为"龙门八寺"之一。

参见"石窟寺（乙）"条。

### 天竺寺

该佛寺在河南省洛阳市，为北魏时（386—534）建置。

《河南府志》卷十五《古迹志》，该佛寺为"龙门八寺"之一。

参见"石窟寺（乙）"条。

### 宝应寺

该佛寺在河南省洛阳市，为北魏时（386—534）建置。

《河南府志》卷十五《古迹志》，该佛寺为"龙门八寺"之一。

参见"石窟寺（乙）"条。

### 崇训寺（乙）

该佛寺在河南省洛阳市，为北魏时（386—534）建置。

《河南府志》卷十五《古迹志》，该佛寺为"龙门八寺"之一。

参见"石窟寺（乙）"条。

### 招福寺

该佛寺在河南省洛阳市汉魏故城，为北魏时（386—534）建置。

《洛阳伽蓝记》卷三《城南》记载："大统寺，在景明寺西，即所谓利民里。寺南有三公令史高显略宅。每夜见赤光行于堂前，如此者非一。向光明所掘地丈余，得黄金百斤，铭云：'苏秦家金，得者为吾造功德。'显略遂造招福寺。人谓此地是苏秦旧宅。"

《太平广记》卷三百九十一《铭记一》记有："洛阳大统寺南，有三公令史高显洛宅。洛每于夜见赤光行于堂前，如此者非一。向光所掘地丈余，得黄金百斤。铭云：'苏秦家金，得者为吾造功德。'洛遂造招福寺。"

方志《乾隆续河南通志》卷一七《舆地志·寺观·河南府》记

载:"招福寺,在洛阳仁和里。后魏尚书高显业宅,夜见赤光行堂前,掘得黄金百镒,铭曰:苏家金,得者为善造功德。显业造此寺,世为苏秦故宅。"

### 光时寺

该佛寺在河南省洛阳市,为北魏时(386—534)建置。

《钦定古今图书集成方舆汇编职方典》第四百三十四卷《河南府祠庙考下·寺观附》记载:"光时寺,太后从姑建。入道为尼,自居此。修梵寺,有金刚像,鸠鸽不入,鸟雀不栖。景明寺,开阳门内。"

### 净域寺

该佛寺在河南省洛阳市,为北魏时(386—534)建置。

佛教典籍《弘赞法华传》卷一记载:"后魏太常卿恭候郑琼,起净域寺,建法花堂。"

### 广德寺

该佛寺在河南省洛阳市,为北魏时(386—534)建置。

佛教典籍《续高僧传》卷第六《魏洛下广德寺释法贞传》记载:"释法贞,不测氏族,渤海东光人。九岁出家,俊秀之声,不齐凡类。住魏洛下之居广德寺,为沙门道记弟子。"

## 永穆寺

该佛寺在河南省洛阳市,为北魏时(386—534)建置。

佛教典籍《景德传灯录》第三卷记载:"第二十九祖慧可大师者(487—593),武牢人也,姓姬氏。父疾,未有子时,尝自念言:我家崇善,岂无令子。祷之既久,一夕感异光照室,其母因而怀妊。及长,遂以照室之瑞,名之曰光。自幼志气不群,博涉诗书,尤精玄理,而不事家产,好游山水。后览佛书,超然自得,即抵洛阳龙门香山,依宝静禅师出家。受具于永穆寺,浮游讲肆,遍学大小乘义。"

## 照乐寺

该佛寺在河南省洛阳市汉魏故城,为北魏时(386—534)建置。

典籍《洛阳伽蓝记》卷五《城北》记载:"京师东西二十里,南北十五里,户十万九千余。庙社宫室府曹以外,方三百步为一里,里开四门;门置里正二人,吏四人,门士八人,合有二百二十里。寺有一千三百六十七所。天平元年(534),迁都邺城,洛阳余寺四百二十一所。北邙山上有冯王寺、齐献武王寺;京东石关有元领军寺、刘长秋寺;嵩高中有闲居寺、栖禅寺、嵩阳寺、道场寺。

上有中顶寺，东有升道寺；京南关口有石窟寺、灵岩寺；京西瀍涧有白马寺、照乐寺。如此之寺，既郭外，不在数限，亦详载之。"

### 齐献武王寺

该佛寺在河南省洛阳市北邙山，为北魏时（386—534）建存。

典籍《洛阳伽蓝记》卷五《城北》记载："天平元年（534），迁都邺城，洛阳余寺四百二十一所。北邙山上有冯王寺、齐献武王寺。"

### 冯王寺

该佛寺在河南省洛阳市北邙山，为北魏时（386—534）建置。

典籍《洛阳伽蓝记》卷五《城北》记载："北邙山上有冯王寺、齐献武王寺。"

### 修梵寺

该佛寺在河南省洛阳市东北汉魏故城，为北魏时（386—534）置存。

典籍《洛阳伽蓝记》卷一《城内》记载："修梵寺，在清阳门内御道北。嵩明寺复在修梵寺西。并雕墙峻宇，比屋连甍，亦是名寺也。修梵寺有金刚，鸠鸽不入，鸟雀不栖。菩提达摩云：'得其真相也'。"

文献《酉阳杂俎》卷一一记载:"故洛阳修梵寺有金刚二,鸟雀不集。元魏时梵僧菩提达摩称,得其真像也。"

《钦定古今图书集成方舆汇编职方典》第四百三十四卷《河南府祠庙考下·寺观附》记:"修梵寺,有金刚像,鸠鸽不入,鸟雀不栖。"

### 景林寺

该佛寺在河南省洛阳市东北汉魏故城,为北魏时(386—534)置存。

典籍《洛阳伽蓝记》卷一《城内》记载:"景林寺,在开阳门内御道东。讲殿叠起,房庑连属,丹槛炫日,绣栭迎风,实为胜地。寺西有园,多饶奇果,春鸟秋蝉,鸣声相续。中有禅房一所,内置祇洹精舍,形制虽小,巧构难比,加以禅阁虚静,隐室凝邃,嘉树夹牖,芳杜匝阶,虽云朝市,想同岩谷。静行之僧,绳坐其内,餐风服道,结跏数息。"

### 璎珞寺

该佛寺在河南省洛阳市东北汉魏故城,为北魏时(386—534)置存。

典籍《洛阳伽蓝记》卷二《城东》记载:"璎珞寺,在建春门外御道北,所谓建阳里也,即中朝时白社地,董威辇所居处。里内有璎珞、慈善、晖和、通觉、晖玄、宗圣、魏昌、熙平、崇真、因果等十寺。里内士庶二千余户,信崇三宝,众僧刹养,百姓所供也。"

### 平等寺

该佛寺在河南省洛阳市偃师区,为北魏时(386—534)置存。

典籍《洛阳伽蓝记》卷二《城东》记载:"平等寺,广平武穆王怀舍宅所立也。在青阳门外二里御道北,所谓孝敬里也。堂宇宏美,林木萧森,平台复道,独显当世。寺门外金像一躯,高二丈八尺,相好端严,常有神验。国之吉凶,先炳祥异。孝昌三年(527)十二月中,此像面有悲容,两目垂泪,遍体皆湿,时人号曰佛汗。京师士女空市里往而观之。有一比丘以净绵拭其泪,须臾之间,绵湿都尽。更换以它绵,俄然复湿。如此三日乃止。明年四月,尔朱荣入洛阳,诛戮百官,死亡涂地。永安二年(529)三月,此像复汗,士庶复往观之。五月,北海王入洛,庄帝北巡。七月,北海大败,所将江淮子弟五千,尽被俘虏,无一得还。永安三年(530)七月,此像悲泣如初。每经神验,朝夕惶惧,禁人不听观之。至十二月,尔朱兆入洛阳,擒庄帝,帝崩于晋阳。在京宫殿空虚,百日无主,唯尚书令司州牧乐平王尔朱世隆镇京师。商旅四通,盗贼不作。"

佛教典籍《佛祖统纪》第三十八卷记载:"永熙元年(532),洛京平等寺建浮屠成,帝设万僧斋,石像俯首终日,大众感其神应。"

史籍《魏书》卷一百一十二志第十七上《灵徵志上》记载:"永安(528—530)、普泰(531)、永熙(532—534)中,京师平等寺定光金像每流汗,国有事变,时咸畏异之。"

方志《乾隆续河南通志》卷一七《舆地志·寺观·河南府》记载:"孝昌三年(527),此像面有悲容,目垂泪体湿,拭之复然,三日乃止。明年四月,尔朱荣入,诛戮涂地。永安二年(529),像复悲泣,越数月,尔朱兆入,庄帝崩于晋阳,宫殿空虚,百日无主。永熙元年(532),武穆少子平阳王入纂。大业造塔五层,二年(533)二月土木毕,帝率百僚作万僧斋会,寺门外石佛自动低头复举,竟日乃止,中书舍人卢荣宣曰:'石立社移。'七月,帝为侍中斛斯椿所逼,奔于长安。"

文献《全北齐文》卷一〇阙名《冯翊王修平等寺碑》记曰:"寺则负彼崇邙,面□清洛,右依城雉,左滞洪陂,嵩岳拥其前,灵河行其后。"

方志《乾隆偃师县志》卷四《陵庙记·寺观》记载："魏平等寺，在今义井铺。"

河南省考古工作者刘斌博士记写：现存平等寺造像碑，位于洛阳汉魏故城东300米的寺里碑村南，由四块组成。四碑分别为邑主韩永义等造像碑、崔永仙等人造像碑、邑师比丘僧道略等三百人造像碑、冯翊王高润平等寺碑。1999年10月21日，"崔永仙造像"被盗，破案后，11月份搬至偃师商城博物馆保存。这四通碑都是北齐年间刻制的，因而又称北齐造像碑。不过，这四通碑开始并不是立在田野上，而是立在北魏时修建的平等寺内。所以，当地人将这四通石碑叫作"寺里碑"。北魏孝明帝孝昌三年（527）十二月间，金像双眼垂泪。寺内和尚架起梯子，爬上去用棉布替金像擦泪，一大块棉布都被泪水湿透了。消息传出，成群结队的善男信女都来围观。三天过后，泪水才止。金像为何流泪不止，当时没有人知晓。到了第二年，当时称作太原王的尔朱荣，率领他的八千骑兵，攻占了洛阳，不论官员百姓，见了就杀，直杀得横尸遍地，血流成河。这时，人们才描摹出金像痛哭的原因，是预知了这次劫难。孝庄帝永安二年（529）三月，金像面露愁容浑身出汗，围观的人预料洛阳将再次发生灾难。庄帝元子攸为了避难,借故北巡,京都洛阳由北海王镇守。七月间,有强人攻洛阳,北海王的五千弟子尽被俘虏。永安三年(530)七月,金像又流泪不止,满城人十分害怕,但不知灾难应在何时。到了十二月,尔朱荣又攻洛阳,把庄帝押往晋阳,不久驾崩。

### 开化寺

该佛寺在河南省平顶山市郏县,为北魏时(386—534)置存。

方志《郏县志》卷六《祀典志·寺观》记载:"开化寺,在东街,后魏建。"

方志《明一统志》卷三一《汝州·寺观》记载:"唐改胜法寺"。

方志《嘉庆重修一统志》卷二二五《汝州直隶州二·寺观》记载:"本朝顺治十一年(1654)修。"

河南省考古工作者刘斌博士记写:郏县地方志记载有"北魏,佛教传入郏县,建有开化寺、佛子寺。唐代盛行,建有灵泉寺、崇兴寺、仓古寺。宋、元、明代,建有寿圣寺、广庆寺、小安寺、石佛寺、紫云寺、龙兴寺、塔亭寺。清康熙(1662—1722)年间,多数寺院倾废。"

## 佛子寺

该佛寺在河南省平顶山市郏县,为北魏时(386—534)置存。

方志《郏县志》卷六《祀典志·寺观》记载:"佛子寺,在县东,后魏建。"

参见"开化寺"条。

## 杨膺寺

该佛寺在河南省焦作市沁阳市,为北魏时(386—534)置存。

方志《道光河内县志》卷一八《古迹志·寺观》记载:"杨膺寺、金城寺、雍城寺、恒安寺、苟塚寺、乐善寺、普泰寺、朱营寺、管令寺,以上见《北魏义桥石像记》,址皆不可考矣。"

立于东魏孝静帝武定七年(549)四月八日,出土于河南沁阳清乾隆年间(1736—1795)的《武德于府君等义桥石像之碑》记:怀州(今河南沁阳)长史于子建带领平皋、怀县、温县等州县文武官吏与杨膺寺等众多寺庙修建义桥。碑文云:"隶赵称都,入魏为镇……岸谷峥嵘,揭厉多危,往来受害,至于秋雨时降,水潦口腾,马牛虽辨,公私顿废,有岨乘车之义,事切朝涉之艰……或择木百里,鹊起来官,共治民瘼……仿佛彼岸,依稀可久。杨膺寺、金城寺、雍城寺、恒安寺、苟冢寺、朱营寺、管令寺诸师等……咸施材木，构造桥梁。杨膺寺发善之源，以为桥主。"

河南省考古工作者刘斌博士记写：东魏武定七年（549）义桥石像碑记，碑首题"武德于府君等义桥石像之碑"。清乾隆年间（1736—1795）出土于河南沁阳，时存汤帝庙。此碑是怀州（今河南沁阳）长史于子建等官吏与杨膺寺等众多寺庙修建义桥，"运石立碑敬镌图像"所立。武德郡是东魏天平初年（534）分怀州河内郡所建，领有四县。参与造桥的有四县的官吏及郡守官吏等。发起造桥者及施主实为众多的寺庙僧人。发愿文中说到了七座寺庙，即"杨膺寺、金城寺、雍城寺、恒安寺、苟冢寺、朱营寺、管令寺诸师……咸施材木，构造桥梁"，并以杨膺寺为发善之源，而认为桥主。碑侧的题名中又另有乐善寺主僧湛、郡沙门都维那法云、普泰寺主法口之名。碑阴则有（沙）门都昙定之名。

参与造桥的官吏有称定州刺史旨授渤海太守旨授洛阳令，还有称郡光初中正郡主盟主郡兼功曹多人，与民望士豪等及平远将军白衣左右和天宫主多人。

此碑的形式仍仿如造像碑，碑额还开龛造出佛像。碑文记建桥之功，碑身之阴阳及侧面刻满记铭文字和近三百人姓名。碑记中清楚地说明发愿施桥材者是以杨膺寺为首之七寺之人。

### 慈善寺

该佛寺在河南省洛阳市东北汉魏故城,为北魏时(386—534)置存。

《洛阳伽蓝记》卷二《城东》记载:"璎珞寺,在建春门外御道北,所谓建阳里也。……里内有璎珞、慈善、晖和、通觉、晖玄、宗圣、魏昌、熙平、崇真、因果等十寺。"

参见"璎珞寺"条。

### 晖和寺

该佛寺在河南省洛阳市东北汉魏故城,为北魏时(386—534)建存。

见于《洛阳伽蓝记》卷二《城东》,该佛寺为建阳里内的十寺之一。

参见"璎珞寺"条。

### 通觉寺

该佛寺在河南省洛阳市东北汉魏故城,为北魏时(386—534)置存。

见于《洛阳伽蓝记》卷二《城东》。

参见"璎珞寺"条。

### 晖玄寺

该佛寺在河南省洛阳市东北汉魏故城,为北魏时(386—534)置存。

见于《洛阳伽蓝记》卷二《城东》。

参见"璎珞寺"条。

### 熙平寺

该佛寺在河南省洛阳市东北汉魏故城,为北魏时(386—534)置存。

见于《洛阳伽蓝记》卷二《城东》。

参见"璎珞寺"条。

### 因果寺

该佛寺在河南省洛阳市东北汉魏故城,为北魏时(386—534)置存。

见于《洛阳伽蓝记》卷二《城东》记。

参见"璎珞寺"条。

### 宗圣寺

该佛寺在河南省洛阳市东北汉魏故城,为北魏时(386—534)置存。

典籍《洛阳伽蓝记》卷二《城东》记载:"建春门外御道北,所谓建阳里也,即中朝时白社地,董威辇所居处。里内有璎珞、慈善、晖和、通觉、晖玄、宗圣、魏昌、熙平、崇真、因果等十寺。……宗圣寺,有像一躯,举高三丈八尺,端严殊特,相好毕备,士庶瞻仰,目不暂瞬。此像一出,市井皆空,炎光腾辉,赫赫独绝世表。妙伎杂乐,亚于刘腾,城东士女,多来此寺观看也。"

**崇真寺**

该佛寺在河南省洛阳市东北汉魏故城,为北魏时(386—534)置存。

典籍《洛阳伽蓝记》卷二《城东》记载:"建春门外御道北,所谓建阳里也,即中朝时白社地,董威辇所居处。里内有璎珞、慈善、晖和、通觉、晖玄、宗圣、魏昌、熙平、崇真、因果等十寺。"

同卷又载:"崇真寺比丘惠凝,死经七日还活。经阎罗王检阅,以错名放免。惠凝具说:'过去之时,有五比丘同阅。一比丘云是宝明寺智圣,坐禅苦行,得升天堂。有一比丘是般若寺道品,以诵四十卷《涅槃》,亦升天堂。有一比丘云是融觉寺昙谟最,讲《涅槃》《华严》,领众千人。'阎罗王云:'讲经者心怀彼我,以骄凌物,比丘中第一粗行。今唯试坐禅诵经,不问讲经。'其昙谟最曰:

'贫道立身已来,唯好讲经,实不暗诵。'阎罗王敕付司,即有青衣十人,送昙谟最向西北门,屋舍皆黑,似非好处。有一比丘云是禅林寺道弘,自云:'教化四辈檀越,造一切经,人中金像十躯。'阎罗王曰:'沙门之体,必须摄心守道,志在禅诵,不干世事,不作有为。虽造作经像,正欲得它人财物;既得它物,贪心即起;既怀贪心,便是三毒不除,具足烦恼。'亦付司,仍与昙谟最同入黑门。有一比丘云是灵觉寺宝真,自云出家之前,尝作陇西太守,造灵觉寺。寺成,即弃官入道。虽不禅诵,礼拜不缺。阎罗王曰:'卿作太守之日,曲理枉法,劫夺民财,假作此寺,非卿之力,何劳说此。'亦付司,青衣送入黑门。太后闻之,遣黄门侍郎徐纥依惠凝所说,即访宝明等寺。城东有宝明寺,城内有般若寺,城西有融觉、禅林、灵觉等三寺。问智圣、道品、昙谟最、道弘、宝明等,皆实有之。议曰:'人死有罪福。即请坐禅僧一百人,常在殿内供养之。'诏'不听持经像沿路乞索。若私有财务,造经像者任意'。嶷亦入白鹿山隐居修道。自此以后,京邑比丘,皆事禅诵,不复以讲经为意。

宝明寺

该佛寺在河南省洛阳市东北汉魏故城,为北魏时(386—534)

置存。

典籍《洛阳伽蓝记》卷二《城东》记载:"城东有宝明寺,城内有般若寺,城西有融觉、禅林、灵觉等三寺。……出青阳门外三里御道北,有孝义里。里西北角有苏秦冢,冢旁有宝明寺。众僧常见秦出入此冢,车马羽仪,若今宰相也。"

### 禅林寺

该佛寺在河南省洛阳市东北汉魏故城,为北魏时(386—534)置存。

见于《洛阳伽蓝记》卷二《城东》。

参见"崇真寺"条。

### 灵觉寺

该佛寺在河南省洛阳市东北汉魏故城,为北魏时(386—534)置存。

见于《洛阳伽蓝记》卷二《城东》。

参见"崇真寺"条。

### 洛阳寺

该佛寺在河南省洛阳市东北汉魏故城,为北魏时(386—534)置存。

典籍《大唐内典录》第六卷记载:"魏时帛延于洛阳寺译《阿

弥陀经》（二卷五十三纸）。"

## 洛阳小寺

该佛寺在河南省洛阳市东北汉魏故城，为北魏时（386—534）置存。

典籍《洛阳伽蓝记》卷二《城东》记载："出青阳门外三里御道北，有孝义里。里西北角有苏秦冢，冢旁有宝明寺。众僧常见秦出入此冢，车马羽仪，若今宰相也。孝义里东，即是洛阳小寺。北有车骑将军张景仁宅。"

## 大统寺

该佛寺在河南省洛阳市东北汉魏故城，为北魏时（386—534）置存。

典籍《洛阳伽蓝记》卷三《城南》记载："大统寺，在景明寺西，即所谓利民里。寺南有三公令史高显略宅。每夜见赤光行于堂前，如此者非一。向光明所掘地丈余，得黄金百斤，铭云：'苏秦家金，得者为吾造功德。'显略遂造招福寺。人谓此地是苏秦旧宅。当时元义秉政，闻其得金，就略索之，以二十斤与之。衒之按：苏秦时未有佛法，功德者不必是寺，应是碑铭之类，颂其声迹也。"

## 承光寺

该佛寺在河南省洛阳市东北汉魏故城,为北魏时(386—534)置存。

典籍《洛阳伽蓝记》卷三《城南》记载:"开阳门御道东有汉国子学堂,堂前有三种字《石经》二十五碑,表里刻之。写《春秋》《尚书》二部,作篆、科斗、隶三种字,汉右中郎将蔡邕笔之遗迹也。犹有十八碑,余皆残毁。复有石碑四十八枚,亦表里隶书,写《周易》《尚书》《公羊》《礼记》四部。又《赞学》碑一所,并在堂前。魏文帝作《典论》六碑,至太和十七年(493),犹有四碑,高祖题为劝学里。……里有文觉、三宝、宁远三寺。周回有园,珍果出焉。有大谷梨,承光之柰。承光寺亦多果木,柰味甚美,冠于京师。劝学里东有延贤里,里内有正觉寺,尚书令王肃所立也。"

## 光融寺

该佛寺在河南省洛阳市东北汉魏故城,为北魏时(386—534)置存。

佛教典籍《续高僧传》卷第七《陈钟山耆阇寺释安廪传》记载:"释安廪,姓秦氏,晋中书令靖之第七世也。……年二十五启敕出家，乃游方寻道。北诣魏国，于司州光融寺容公所采习经论。……在魏十有二年，讲《四分律》近二十遍，大乘经纶并得相仍。梁太清元年（547）始发彭沛，门人拥从还届杨都，武帝敬供相接，敕住天安，讲《华严经》。"

文觉寺

该佛寺在河南省洛阳市东北汉魏故城，为北魏时（386—534）置存。

典籍《洛阳伽蓝记》卷三《城南》记载："开阳门御道东有汉国子学堂。堂前有三种字《石经》二十五碑，表里刻之。写《春秋》《尚书》二部，作篆、科斗、隶三种字，汉右中郎将蔡邕笔之遗迹也。犹有十八碑，余皆残毁。复有石碑四十八枚，亦表里隶书，写《周易》《尚书》《公羊》《礼记》四部，又《赞学》碑一所，并在堂前。魏文帝作《典论》六碑，至太和十七年（493），犹有四碑，高祖题为劝学里。里有文觉、三宝、宁远三寺。"

三宝寺

该佛寺在河南省洛阳市东北汉魏故城，为北魏时（386—534）置存。

见于《洛阳伽蓝记》卷三《城南》。

参见"文觉寺"条。

### 宁远寺

该佛寺在河南省洛阳市东北汉魏故城,为北魏时(386—534)置存。

见于《洛阳伽蓝记》卷三《城南》。

参见"文觉寺"条。

### 菩提寺(乙)

该佛寺在湖北省黄冈市黄梅县,为北魏时(386—534)置存。

方志《湖北通志》卷一六《舆地志·古迹二·黄梅县》记载:"菩提寺,在县广福山董家城。流支祖师建,后有天峰和尚居此。"

历代《黄梅县志》传载:菩提流支来黄梅,先住苦竹乡董城山,建菩提寺,译经。后迁五祖镇多云山,建广福寺。圆寂于多云山,在广福寺左侧,其塔尚存,全石结构,有天竺"窣堵坡"遗风。

清顺治《黄梅县志》记曰:"流支禅师,中印度人,梁武帝时与达摩同来,译经藏,于梅地建道场曰菩提,后圆寂于多云上,其塔在焉。"

《佛广大辞典》"菩提流志"条记写:"天平年间(534—537)师

犹在，后不知所终。"

北魏永平三年（510）前来洛阳主导译经的天竺僧菩提流支，是著名佛经翻译大师，二十五年共译经127卷，也是佛教地论宗大师，被宣武帝敕封为国师。

《续高僧传》卷第一《魏南台永宁寺北天竺沙门菩提流支传》记载："菩提流支，魏言道希，北天竺人也。遍通三藏，妙入总持。志在宏法，广流视听，遂挟道宵征，远莅葱左。以魏永平之初，来游东夏。宣武皇帝，下敕引劳，供拟殷华，处之永宁大寺。四事将给，七百梵僧，敕以流支为译经之元匠也。……凡所出经，三十九部，一百二十七卷。"

### 禅虚寺

该佛寺在河南省洛阳市东北汉魏故城，为北魏时（386—534）置存。

典籍《洛阳伽蓝记》卷五《城北》记载："禅虚寺，在大夏门外御道西。寺前有阅武场，终岁农隙，甲士习战，千乘万骑，常在于此。有羽林马僧相善牴角戏，掷戟与百尺树齐等。虎贲张车渠，掷刀出楼一丈。帝亦观戏在楼，恒令二人对为角戏。中朝时宣武场，在大夏门东北，今为光风园，苜蓿生焉。"

## 双灵佛寺

该佛寺在河南省洛阳市孟津县,为北魏时(386—534)置存。

史籍《魏书》卷十三列传第一《皇后》记载:"宣武灵皇后胡氏,安定临泾人,司徒国珍女也。……及肃宗践阼,尊后为皇太妃,后尊为皇太后。临朝听政,犹称殿下,下令行事。后改令称诏,群臣上书曰陛下,自称曰朕。……及武泰元年(528),尔朱荣称兵渡河,太后尽召肃宗六宫皆令入道,太后亦自落发。荣遣骑拘送太后及幼主于河阴。太后对荣多所陈说,荣拂衣而起。太后及幼主并沉于河。太后妹冯翊君收瘗于双灵佛寺。出帝时,始葬以后礼而追加谥。"

## 武陵寺

该佛寺在陕西省咸阳市永寿县,为北魏时(386—534)置存。

方志《陕西通志》卷二九《祠祀二·榆林府·永寿县》记载:"武陵寺,在县治西翠屏山。内有塔,后魏平阳王熙建。明碧峰禅师居此。"

## 曹家寺

该佛寺在陕西省延安市安塞区,为北魏置存。

方志《嘉庆重修延安府志》卷三六《祠祀·安塞县》记载："曹家寺，在天泽山足。未有安塞县时，已有此寺，县中诸寺，以此为最古。"

太武帝太延五年（439），北魏灭夏国，灭北凉，统一北方，于其地置州设县。太平真君十年（449）置广洛县，太平真君十二年（451）置金明郡。《魏书》卷一百六下志第七《地形志下》记载："金明郡，领县三：永丰、启宁、广洛。"已含安塞县全境。

龙华寺（丙）

该佛寺在陕西省铜川市耀州区，为北魏时（386—534）置存。

方志《嘉靖耀州志》卷二《地理志·古迹》记载："大像阁，在步寿原南岩下，元魏时龙华寺也。隋仁寿（601—604）中建阁覆弥勒像，高二十余仞，故名焉。唐改神德寺。宋时人游览最盛，有富郑公登阁诗石刻。宣和时（1119—1125）兵火阁废，金承安（1196—1200）中再建阁，更寺额曰明德。今阁与像久废，寺改书院，独故塔存。"

延昌寺

该佛寺在陕西省铜川市耀州区，为北魏时（386—534）置存。

方志《嘉靖耀州志》卷二《地理志·古迹》记载："延昌寺，

临涧谷河，建自后魏延昌公主。始公主持戒行，结庵于此，手塑万佛，人遂称万佛寺。宣武时屡诏公主归，坚辞不赴，卒葬大唐山下，陵号曰延昌，因敕寺额曰延昌寺。今寺后塑公主像，诸法器十余种，相传公主时遗物。"

### 万佛寺

该佛寺在陕西省铜川市耀州区，为北魏时（386—534）置存。

见于《嘉靖耀州志》卷二。

参见"延昌寺"条。

### 清凉寺（乙）

该佛寺在陕西省渭南市大荔县，为北魏时（386—534）置存。

方志《民国续修大荔县旧志存稿》卷四《土地志·古迹》记载："清凉寺，《熊志》载在太通里，盖在该里苏村北之沙阜上。明韩邦奇碑谓在建于北魏时，地势高阜特出，后有拖尾，前有莲池，俨然灵龟饮水状。今莲池已淤，而遗迹宛然。寺基后高前低，大数十亩，堪舆家谓寺右虎沙环抱，惜左无龙沙，令建钟楼补之，藉阜势高耸云端，登临纵眺，山河雄胜，慨然想见吾秦圣贤豪杰。寺经历代修葺，其北魏所余大砖，琢以为砚，而细腻宜墨，故邑人士宝之，比汉砖瓦云。"

## 高公寺

该佛寺在甘肃省平凉市泾川县,为北魏时(386—534)置存。

方志《明一统志》卷三五《平凉府·寺观》记载:"高公寺,在泾州南五里。后魏建,金大定(1161—1189)中重修。"

方志《乾隆泾县志》卷上《建置·寺观》记载:"高公寺在嵩山后,魏唐有碑,文缺。"

## 衡唐精舍

该佛寺在河北省石家庄市,为北魏时(386—534)置存。

佛教典籍《法苑珠林》卷十七记载:"魏常山衡唐精舍释道泰,元魏末人。梦人谓曰:'尔至某年,当终于四十二矣。'泰悟惧之。及至其年,遇病甚忧,悉以身资为福。有友人曰:'余闻供养六十二亿菩萨,与一称观音,福同无异。君何不至心皈依,可必增寿!'泰乃感悟,遂四日四夜专精不绝。所坐帷下,忽见光明从户外而入,见观音足趺踝间,金色朗照,语泰曰:'汝念观世音耶?'比泰褰帷顷,便不复见。悲喜流汗,便觉体轻,所患悉愈。圣力所加,后终年延。"

《续高僧传》卷第二十六上《魏衡唐精舍释道泰传五》记载:"释道泰,元魏末人,住常山衡唐精舍。"

## 观鸡寺

该佛寺在河北省唐山市丰润区，为北魏时（386—534）置存。

方志《嘉庆重修一统志》卷四六《遵化直隶州二·寺观》引《名胜志》记载："观鸡寺，在县北四十里。俗传峰顶有金鸡之瑞，故名。"

方志《光绪丰润县志》卷二《坛庙·寺观》引《水经注》记载："土垠县北陈宫山西南巨梁水东有观鸡寺，寺内起大堂，甚高广，可容千僧。"

《魏土地记》记载："观鸡寺，下结石为之，上加涂塈，基内疏通，枝经脉散，基侧室外，四出爨火，炎室内流，一堂尽温，盖以此土寒严，霜气肃猛，出家沙门，率皆贫薄。施主虑阙道业，故崇斯构，是以志道者多栖焉。"

## 大衍寺

该佛寺在河北省邯郸市临漳县，为北魏时（386—534）置存。

佛教典籍《续高僧传》卷第二十一《齐邺东大衍寺释昙隐传》记载："释昙隐，姓史，河内人。少厌尘俗，早游佛寺。崇奉戒约，诵习群经，凡三十万言。日夜通准，以为常业。及年满受具，归宗道覆而听律部，精励弥久，穿凿逾深。后从光公更采精要，陶染变通，遂为光部之大弟子也。乃超步京邺，北悟燕赵。定州刺史侯景，敬若神仙，为之造寺，延住供给。末还漳滨，阐扬斯教，仆射高隆之加礼，荣异行台。侯景又于邺东为造大衍寺，重引处之。"

### 慧炬寺

该佛寺在河北省邢台市南和区，为北魏时（386—534）置存。

方志《嘉庆重修一统志》卷三一《顺德府二·寺观》记载："慧炬寺，在南和县城北古堤内。"

方志《康熙南和县志》卷二《建置志·庙寺》记载："肇建于元魏间，北齐天保乙卯（559），僧道问重修，有丰碑勒佛像镌经。唐元和九年（814），僧智深重修。成化十五年（1479），僧道能口朝重建殿宇。正德九年（1514），僧会继溍增修山门、天王等殿，东西方丈楼两廊，栽植佳木，幽深清爽，诚古胜刹也。传言此寺夜明慧炬，口响岁钟。"

方志《光绪南和县志》卷三《地理下·寺观》记载："国朝康熙四年（1665），知县章兆蕙重修。"

《钦定古今图书集成方舆汇编职方典》第一百十七卷《顺德府祠庙考·寺观附》记载："慧炬寺，县北，北魏延昌间（512—

515）建。"

## 天宁寺

该佛寺在河北省保定市安新县，为北魏时（386—534）置存。

方志《光绪保定府志》卷七七《杂记一·寺观》记载"天宁寺，在安州南，后魏时建。"

《安州日志》记载："安新天宁寺，始建于北魏。"天宁寺是保定市安新境内历史最悠久的寺院之一。

## 崇孝寺

该佛寺在河北省保定市涿州市，为北魏时（386—534）置存。

方志《民国涿县志》第二编《建置·祠庙》记载："崇孝寺，在县西南第四区房树村。佛殿三层，山门一层，系后魏时建。嗣经月空和尚派徒一人住持该寺，历数传后，亦由尔林和尚提倡重修，因此庙貌巍然，迄今勿替。"

## 时佛寺

该佛寺在河南省安阳市滑县，为北魏时（386—534）置存。

方志《民国重修滑县志》卷四《民政志·寺观》记载："时佛寺，在城北酸枣庙村。创建未详，有后魏平昌令汲仲敬四面造像石佛龛，今存。"

## 五侯寺

该佛寺在河北省保定市兴县,为北魏时(386—534)置存。

佛教典籍《续高僧传》卷第二十八《魏泰岳人头山衔草寺释志湛传》记载:"释志湛,齐州山茌人,是朗公曾孙之弟子也。立行纯厚,省事少言,仁济为务。每游诸禽兽而群不为乱,住人头山邃谷中衔草寺。……又范阳五侯寺僧,失其名,常诵《法华》。初死之时,权殡堤下,后迁改葬,骸骨不枯,唯舌不坏。……又元魏北代,乘禅师者,受持《法华》,精勤匪懈。……又太和初年,代京阉官,自慨形余,不逮人族,奏乞入山修道,有敕许之。乃赍一部《华严》,昼夜读诵,礼悔不息。"

## 开元寺

该佛寺在河北省沧州市,为北魏时(386—534)置存。

方志《光绪重修天津府志》卷二五《舆地七·寺观·沧州》记载:"开元寺,在旧州城内,有北魏时造像题字。又有铁狮,相传周世宗时(954—959),有罪人铸以赎罪。今寺废,狮亦残缺。"

沧州,始建于北魏孝明帝熙平二年(517),割瀛、冀二州之地建沧州,因濒临渤海而得名。《魏书》卷五十六列传第七十五《崔楷》记载:沧州之地"水大渠狭,更不开泄,众流壅塞"。

《沧州县志》记写:"铁狮,在旧州城开元寺前,高一丈七尺,长一丈六尺,背负巨盆,头顶及项下各有'狮子王'字样,右项及牙边皆有'大周广顺三年铸'七字。左肋有'山东李云造'五字,腹内牙内字迹甚多,然漫灭不全,后有识者,谓之为金刚经文……相传周世宗北征契丹,罚罪人铸此,以镇州城。"

## 石桐寺

该佛寺在山西省晋中市介休市,为北魏时(386—534)置存。

方志《乾隆汾州府志》卷二四《祠庙》记载:"石桐寺,在介休县东。"

典籍《水经注》记载:"汾水又南,与石桐水合,即绵水也。水出介休县之绵山,北流径石桐寺西,即介子推之祠也。石桐水又西流,注于汾水。今县东南二十里有石桐村,寺久废。"

## 归起寺

该佛寺在山西省运城市平陆县,为北魏时(386—534)置存。

方志《光绪解州志》卷一一《古迹·寺观》记载:"归起寺,在州西北三十里三楼村,元魏间建。"

方志《山西通志》卷一七一《寺观四·解州》记载:"历代重修,递建三楼,故其里因以三楼名焉。"

### 普济寺

该佛寺在山西省运城市永济市，北魏时（386—534）置存。

佛教典籍《佛祖历代通载》第十卷记载："（神龟年，即518—520）法师道英，初隐太行山禅宴，树枝萦结，如盖覆之。居久之，弃去。行龙台泽，观游鱼爱之，即解衣入水，宴坐深渊，七日而出。又尝隆冬睹严冰，爱其莹澈，就卧其上，信宿而起。晚居蒲州普济寺。"

### 丹岭寺

该佛寺在山东省济南市历城区，为北魏时（386—534）置存。

佛教典籍《续高僧传》卷第二十六《魏太山丹岭寺释僧照传十二》记载："释僧照，未详氏族。住泰山丹岭寺。性虚放，喜追奇，每闻灵迹谲诡，无不登践。承瀑布之下多诸洞穴仙圣攸止，以魏普泰年（531）行至荣山。见飞流下有穴，因穴随入，行可五六里，便出穴外。"

### 大明寺

该佛寺在山东省济南市历城区，为北魏时（386—534）置存。

典籍《水经注》卷八《济水》记载："济水又东北，泺水入焉。水出历城县故城西南，泉源上奋，水涌若轮。……城南对山，山上舜祠，山下有大穴，谓之舜井……其水北为大明湖，西即大明寺。"

史籍《春秋》记曰："桓公十八年，公会齐侯于泺是也。俗谓之为娥姜水，以泉源有舜妃娥英庙故也。城南对山，山上有舜祠，山下有大穴，谓之舜井，抑亦茅山禹井之比矣。"

文献《书》记曰："舜耕历山，亦云在此，所未详也。其水北为大明湖，西即大明寺。"

### 魏明寺

该佛寺在山东省济南市历城区，为北魏时（386—534）置存。

方志《乾隆历城县志》卷一八《古迹考五·寺观·元魏》引《酉阳杂俎》记载："历城县魏明寺有韩公碑。"

《韩公碑》系北魏太和（477—499）年间刊勒。时任齐州刺史的史官魏收收集境内石碑碑文，认为此碑词义俱佳，为"众碑第一。并在其所编撰的《魏书》中，称赞冠军将军、冀州刺史韩公"麒麟在官，立性恭慎，寡于刑罚"。

唐朝段成式《酉阳杂俎》"语资"记曰："历城县魏明寺中有韩公碑，太和中（477—499）所造也。魏公曾令人遍录州界石碑，言此碑词义最善。常藏一本于枕中，故家人名此枕为'麒麟函'。"

## 广固寺

该佛寺在山东省烟台市莱州市,为北魏时(386—534)置存。

史籍《魏书》卷五十七列传第四十五《崔挺》记载:"太和十八年(494),大将军、宋王刘昶南镇彭城,诏假立义将军,为昶府长史,威恩并著,以疾辞免,乃以王肃为长史。其被寄遇如此。后除昭武将军、光州刺史,风化大行。……景明初(500)见代,老幼泣涕追随,缣帛送赠,挺悉不纳。……卒……赠辅国将军、幽州刺史,谥曰景。光州故吏闻凶问,莫不悲感,共铸八尺铜像于城东广固寺,起八关斋,追奉冥福,其遗爱若此。"

## 宁义寺

该佛寺在山东省潍坊市寿光市,为北魏时(386—534)置存。

方志《民国寿光县志》卷三《古迹志·寺观》记载:"宁义寺,一名铁佛寺,仪旧作义,在北郭之西北隅。中有元魏及隋开皇间(581—600)佛座石刻,唐垂拱三年(687)经藏碑。清康熙癸丑(1673)、光绪己亥(1899)皆重修。"

## 铁佛寺

该佛寺在山东潍坊市寿光市,为北魏时(386—534)置存。

见于《民国寿光县》卷三。

参见"宁义寺"条。

### 慈化寺

该佛寺在山东省潍坊市寿光市，为北魏时（386—534）置存。

方志《民国寿光县志》卷三《古迹志·寺观》记载："慈化寺，在城北三十里王高镇东。古碑二，北魏石刻惟碑额有'大魏重修慈化寺碑'八字可辨；金慈化寺重塑佛记亦漫灭不可考。寺院遗址久颓，古塔仅存，高数层，昔八景中所谓王高银塔也。"

### 青岩寺

该佛寺在辽宁省锦州市北镇市常兴店镇闾山深处。为北魏时（386—534）创建。

民间有言：关外多山，以闾山（相传三皇五帝舜时把全国分为十二个州，每一个州各封一座山作为一州之镇，辽西地区锦州的闾山被封为北方幽州的镇山。周时又封闾山为五岳五镇之一）居首；闾山多寿，以青岩寺为寿。

青岩寺始创于北魏，盛于中唐。其寺院建筑位置险要，结构布局奇特。

《钦定古今图书集成方舆汇编职方典》第一百七十七卷《锦州府祠庙考》记载："青岩寺，在城西南五十里，峭壁插天壁中，石洞可容数十人，洞外松树盘旋，俨如华盖，洞东一泉，洞西又一泉，有望海观音阁，阁东大松树二株，洞上有虚无真境四字，每遇晴明海洋在目，辽阳千山历历可数，亦一钜观也，障鹰台即在其上，为西南第一峰。"

该寺院布局为上院和下院，上院筑于险崖绝壁之上，势若凌空飞悬。峭壁数百米间，有天然阶台，边缘筑一带围墙，墙外深渊令人目眩。下院建于群峰环抱之中，置身于院中，如坐井观天。有大雄宝殿、天王殿、钟楼、鼓楼等。又有文殊院、伽蓝殿、圣水院、观音殿、药师佛殿等，错落分布于寺中。

风穴寺

该佛寺位于河南省平顶山市汝州市东北少室山南麓，为北魏时（386—534）创建。

佛寺之东侧有山，山有大小风穴洞，故名。

后汉乾祐三年（950）《风穴七祖千峰白云禅院记》碑文曰："风穴禅院，汝乳之北，嵩少之南。路广由旬，地安窀堵。后魏，山前为香积寺。属当兵火，像毁寺焚。有乡人卫大丑，收以材石，构成佛堂于此山之西北，镇压风穴，即今之院基是也。全隋，又为千峰寺。"

# 北魏佛寺

《风穴寺志略》记：寺东龙山阳坡有大小风穴两个，山因名风穴山，寺因山名。曾与白马寺、少林寺、相国寺齐名，被称为中原四大名刹。

## 石佛堂禅寺

该佛寺位于陕西省榆林市佳县石嘴峰村，为北魏时（386—534）置存。

佛寺始建于北魏，鼎盛于隋唐。

石佛堂禅寺，其布局和规模呈平面方形、中轴一体。寺院佛殿建筑以南北走向依次布列，山门殿、天王殿、大雄宝殿、菩萨殿、法堂、藏经楼，分别构建，纵向排开，周正而稳重。

唐代开元年（713—741）修，北宋时扩建。宋末蒙古南侵寺毁，仅两处石窟菩萨殿免于火焚。清康熙年间（1662—1722）重修，同治年间（1862—1874）年间又遭战火摧毁。清末重修无量殿，供奉阿弥陀佛。其时常驻僧五人，自耕自食，维艰修行。

## 云崖寺

该佛寺位于甘肃省平凉市庄浪县韩店镇东南，始建于北魏（386—534）。

寺内石窟众多，与平凉崆峒山、天水麦积山仙人崖等胜地齐名。目前尚存有大量石造像和泥塑像，以北魏、北周时期作品居多。

云崖寺位于秀岭其峰、密林参天、绿茵遍地、清澈溪谷的山峰之间。清《嘉庆重修统一志》记写："以山势独高而名，其中峰岭回还，溪流萦带。"

五佛沿寺

该佛寺即沿寺石窟，位于甘肃省白银市景泰县，为北魏时（386—534）置存。

五佛沿寺，又名五佛寺，因沿黄河建寺而得名。北魏始建后，唐、宋、明、清皆有续修。

该石窟中有北魏时建造的五尊大佛，又名五佛寺。窟内两旁有小佛千尊，俗称千佛寺。

《中国石窟雕塑全集》第2卷《甘肃》描述：景泰五佛沿寺石窟寺属于"陇中石窟群，即以今甘肃省中部永靖炳灵寺石窟为主体，包括靖远寺儿湾石窟、法泉寺石窟以及景泰五佛沿寺石窟等。"

五佛寺

该佛寺位于甘肃省白银市景泰县，为北魏时（386—534）建置。

参见"五佛沿寺"条。

### 千佛寺

该佛寺位于甘肃省白银市景泰县,为北魏时(386—534)创建。

参见"五佛沿寺"条。

### 法泉寺

该佛寺位于甘肃省白银市靖远县红山岔,为北魏时(386—534)建置。

佛寺殿宇楼阁依崖而建,雄伟壮观。经隋朝至清代历代凿修,雕塑壁画数量众多。至清朝康熙年间(1662—1722),法泉寺占地几近4平方公里,寺有佛田千亩,鼎盛于当时。

法泉寺,又名红山石崖禅寺。有36个洞窟,其中北魏时期洞窟5个,唐宋时期洞窟14个,明代洞窟2个。法泉寺是陇上千年古刹,集佛教、道教、儒教于一寺。被誉为"陇上名刹"。

### 红山石崖禅寺

该佛寺位于甘肃省白银市靖远县红山岔,为北魏时(386—534)建置。

参见"法泉寺"条。

### 光化寺(乙)

该佛寺位于山东省济南市长清区徂徕山东南麓,为北魏时

（386—534）建置。

隋曰光化寺，宋改崇庆寺，元初（1271）兖州军节度使时珍重修。

元代《重修光化寺碑记》记写："光化寺，始建于北魏，至隋朝而有光化之名。唐有天下，三百余年，衣钵相传，宗派不泯。继五代之乱，寺从而废。赵宋开国，迫及祥符七年（1014），复赐号崇庆，而与明孔山之灵岩相为甲乙。"

今有正殿三间，东山门立清乾隆、光绪年重修碑，西南古松冠盖如伞，北有古柏高大擎云。

## 清凉寺（丙）

该佛寺位于河南省商丘市梁园区王楼乡清凉台上，为北魏时（386—534）建置。

北魏孝文帝和宣武帝时期，大兴佛寺，清凉台上也建筑寺院，取名为清凉寺，是北魏洛阳时代的一座皇家佛寺。

清凉寺殿宇庄严，寺院在中轴线由南到北依次建有：山门、圆觉殿、大雄宝殿、藏经楼，中线两侧建有：观音殿、地藏殿、罗汉堂、伽蓝殿、斋堂、寮房。其主殿大雄宝殿屋脊上雕刻有龙凤图案，显示着皇家的气象。

郦道元《水经注》卷二十四《睢永》注写："东即梁王之吹台也。基陛阶础尚在，今建追明寺。故宫东即安梁之旧地也。广周五六百步，水列钓台。池东又有一台，世谓之清泠台。北城凭隅，又结一池台，离宫所在，宽广而不甚极高，俗谓之平台。"

## 般若尼寺

该佛寺在陕西省大荔县，为北魏时（386—534）建存。

《隋书》卷一帝纪第一《高祖》记载："皇妣吕氏，以大统七年（541）六月癸丑夜，生高祖于冯翊般若寺，紫气充庭。有尼来自河东，谓皇妣曰：'此儿所从来甚异，不可于俗间处之。'尼将高祖舍于别馆，躬自抚养。"

唐代高僧道宣所撰《集古今佛道论衡》卷曰："帝以后魏大统七年（541）六月十三日，生于同州般若尼寺。于时，赤光照室，流溢户外。紫气满庭，状如楼阁。色染人衣，内外惊异。帝母以时炎热就而扇之，寒甚几绝，困不能啼。有神尼者名曰智仙，河东蒲坂刘氏女也。少出家有戒行，和上失之，恐其坠井，乃在佛屋，俨然坐定。时年七岁，遂以禅观为业。及帝诞日，无因而至。语太祖曰：'儿天佛所佑，勿忧也。'尼遂名帝为那罗延，言金刚不可坏也。又曰：'此儿来处异伦，俗家秽杂，自为养之。'太祖乃割宅为寺，内通小门，以儿委尼，不敢召问。后皇妣来抱，忽见化而为龙，惊遑坠地。尼曰：'何因妄触我儿，遂令晚得天下。'及年七岁，告帝曰：'儿当大贵从东国来，佛法当灭由儿兴之。'而尼沉静寡言，时道吉凶，莫不符验。初在寺养帝，年至十三，方始还家。积三十余岁略不出门。及周灭二教，尼隐皇家，内着法衣，戒行不改。帝后果自山东入为天子，重兴佛法，皆如尼言。及登祚后，每顾群臣，追念阿阇梨以为口实。又云：'我兴由佛法，而好食麻豆。前身似从道人中来，由小时在寺，至今乐闻钟声。'乃命史官为尼作传。帝昔龙潜所经四十五州。及登极后，皆悉同时起大兴国寺。"

当北周灭佛时，神尼智仙潜匿杨家，杨家为佛教的坚定信徒。隋文帝杨坚出生于同州般若尼寺，其父委神尼带养，神尼为杨坚起名"那罗延"，谓金刚不坏之身也。至杨坚13岁时，才领回家中。

《续高僧传》卷第二十六《隋京师大兴善寺释道密传》记载："释道密，姓周氏，相州人。初投耶舍三藏，师习方艺，又从邺下博听大乘，神思既开理致通衍。……寻下敕召，送舍利于同州大兴国寺，寺即文帝所生之地，其处本基般若尼寺也。帝以后魏大统七年（541）六月十三日，生于此寺中。于时赤光照室，流溢外户，紫气满庭，状如楼阁，色染人衣，内外惊禁。"

# 北魏佛寺

般若尼寺位于大荔县城北门偏东，即现在的城关中学和城关粮站内。创建时间不详，西魏文帝大统七年（541）夏，隋文帝杨坚出生于般若尼寺内。据此，其创建时间应在北魏北朝时期。

同州的大兴国寺就是《隋书》卷一帝纪第一《高祖上》里的般若寺，也就是隋文帝的出生地（"生高祖于冯诩般若寺，紫气充庭。"）。隋文帝出生后，他的父亲杨忠把一部分宅院舍为寺院，智仙尼姑就在此抚养他，也就是说：般若寺其实本身就是杨家的一部分。智仙去世后，隋文帝把她埋葬在杨家附近。隋朝建立后，在智仙藏地立金塔寺。

北魏佛寺

# 北魏佛寺的现存与撷英

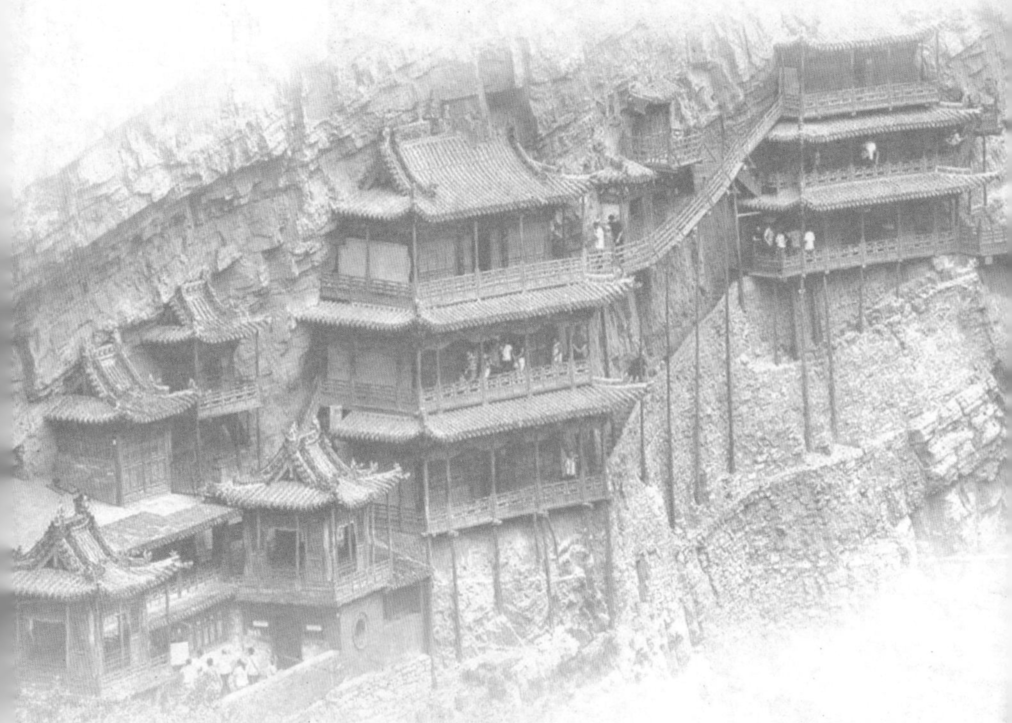

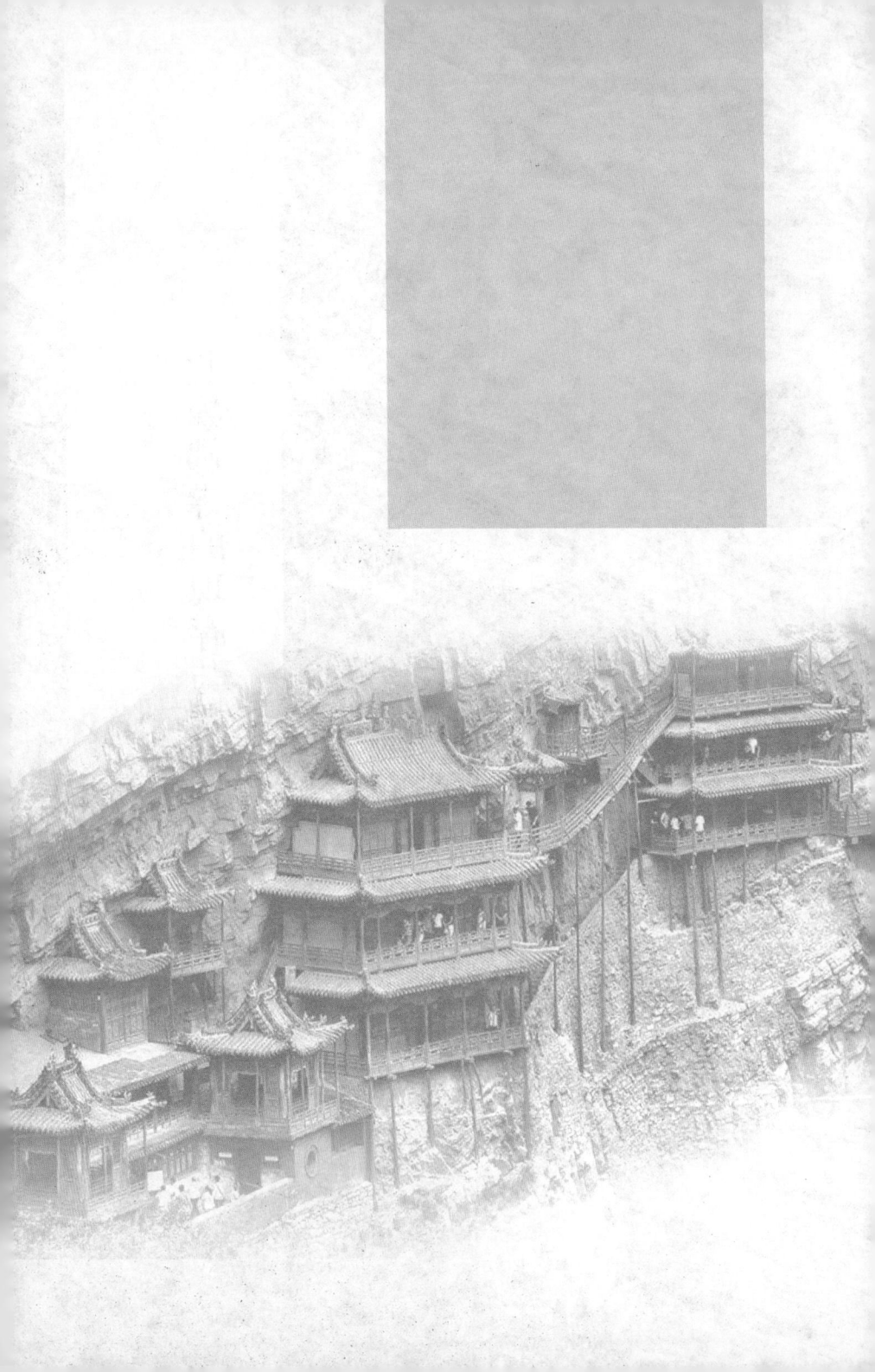

## 一、北魏平城时代的凡例（2座）

### 1.悬空寺

悬空寺藏之于山腰，悬于之空中，给世界以惊奇，予世人以惊喜！

悬空寺是佛教的圣地，也是世界建筑艺术的奇迹，更是北魏平城时代佛寺的非凡创造。

悬空寺建造于北魏平城时期（398—494），也是北魏佛寺跨越1600余年风霜雨雪和地动山摇留存到现代的坚强的、珍贵的人类文化遗产。方志《乾隆浑源州志》卷八《寺观》记载："悬空寺，在州南恒山下磁窑峡。悬崖三百余丈，崖峭立如削，倚壁凿窍，结构层楼，危梯仄磴，上倚遥空，飞阁相通，下临无地，恒山第一景也。后魏时建。"

其空间位置是在从北魏首都平城（今山西省大同市）到河北冀中平原必经的恒山金龙峡谷西侧翠屏峰关崖峭壁之半山腰际，北魏的官方史书《魏书》中曾有"发卒万人，凿恒岭，通直道"的清晰记载（《魏书》卷二帝纪第二《太祖道武帝》记："天兴元年

（398）……车驾将北还，发卒万人，治直道，自望都铁关凿恒岭至代五百余里。"）。而其现今的具体行政管辖是山西省大同市东南方向60余公里的浑源县，位于恒山景区入山口。

《钦定古今图书集成方舆汇编职方典》第三百四十三卷《大同府部汇考一》记言："恒山，在州南二十里，即北岳也。〈水经注〉谓之元岳。其山高侵霄汉，舜北巡狩至于恒山即此。其顶名天峰，岭下建北岳观，观侧有飞石窟，上建后土祠镇之。……翠屏山，在州南七里，山形秀丽，宛如画屏。"

翠屏峰是五岳之北岳——恒山群山中奇绝而秀丽的一座山峰，可谓是奇峰绝壁。从浑源县城往南7公里处，便到了北岳恒山的入山之口——金龙口。其东侧是恒山的主峰天峰岭，而西侧便是腰间悬挂着悬空寺建筑群的翠屏峰，两座海拔2000米左右高的山峰（北岳恒山主峰天峰岭海拔2016.8米、翠屏峰海拔1648米）东西并肩而立，其地势、其气势真可谓："奇景在眼前，世间原本无；一立逾千载，寺玄成万功。"《清同治年间重修悬空寺碑》记曰："不知者以为神为之也。"本名为"玄空阁"的宗教建筑，也因此改名为"悬空寺"（图1）。当地百姓广为传唱的俚语则曰："悬空寺，半天高，三根马尾空中吊。"《时代周刊》曾评选"世界十大不稳定建

# 北魏佛寺的现存与撷英
BEIWEI FOSI DE XIANCUN YU XIEYING

图 1. 悬空寺远景

筑",山西大同浑源的悬空寺赫然在榜。

悬空寺,堪称"天下一绝",是中国古代建筑中罕见的杰作。

唐代诗人李白游观后,为其写下"壮观"两个大字(图2)。

明代旅行家徐霞客游览后,则写下了"天下巨观"(图3)。

闻名于世的悬空寺下距恒山金龙峡谷底部有90多米,这也就意味着这座宗教性建筑群落是高高地悬空在90多米高的翠屏山峭壁上的,其紧紧依贴在翠屏峰的半山腰窝处。其作为建筑,有完整的构思和营造,有精巧的工匠制作和木石砖瓦的绝唱表现;其作为寺庙,有独特的院落,由钟楼、鼓楼、大殿、配殿、垛殿、过殿、经阁、廊道和其他极具特色的建筑构成。全寺共有大小殿阁18处,并且皆因地制宜、因势而造,层层叠叠、曲曲折折、连连续续,构建成了有主题、有特色、有内容、有教理、有文化、有艺术、有审美、有风格的北魏佛教寺院。

特别是在它的中部和西部建有两座气势宏伟、建造精工的三层楼宇,凸显着宗教意义与建筑技术的真实存在和顽强伟力,彰显着北魏时代宗教信仰的坚定和工程创造的非凡,还有非凡的奇绝和精巧。超乎人们想象的是:在两座三层楼阁的基座下面,竟然是用只有碗口粗的20多根圆木立柱支撑着,有时柱子还瞬间摇晃,真令

北魏佛寺的现存与撷英
BEIWEI FOSI DE XIANCUN YU XIEYING

图 2. 李白为悬空寺写下"壮观"二字

277

北魏佛寺

图3. 徐霞客赞叹悬空寺为"天下巨观"

人心动神摇、气促唏嘘。它们立于山崖腰窝,支于楼阁底部,呈现着千古绝唱的"一柱立万斤、寺院跨千年"的神技奇效(图4)。尤其是当人们小心翼翼、如临深渊地走过连接这两座楼阁的栈道时,往下俯瞰细细的柱子,摇摇晃晃,风动则柱动,步移则梯晃,才能真切体会到中国古人在形容非人力之所为时常用的经典一词——鬼斧神工、公输天巧。因为除此而外,我们则别无选择和别无所言。

从浑源悬空寺建筑群的布局和组成看,大致可以概括为"一院二楼一栈道""四座小庙挂峰腰""佛寺悬空在云霄",其佛寺建筑的建造、连接和过程是:大小皆完整,座座是佛寺,它们紧贴山壁、营造有道、处处显奇、时时在悬、秒秒提心、步步生莲,一派佛天仙境之奇景。

所谓"一院",即悬空寺内有一个大一点的平面院落,有殿有院,如同平原地区的寺院一样,僧众可以聚集于此进行有关宗教的集体性活动。

虽然悬空寺是紧贴于翠屏峰峭壁,而又悬挂于空中,但是作为实体性的佛寺,其具备了较为完整的寺院体态和建筑格局。同其他平原地区的佛寺一样有山门,而且也是寺院的唯一入口和首道建筑。

悬空寺的山门,是一堵红墙中镶嵌的一个石雕门楼,是一座极

北魏佛寺

图4. "一柱立万斤"的悬空佛寺

为精巧的镶嵌式山门（图5），门墙一体，墙抱门楼。下面是登临而上的石台阶，人们可以拾级而上进入紧紧依墙而设的悬空寺山门。再经过一个暗廊，颇似渐渐在穿越时空，进入翠屏山的深处，也渐渐走入了历史中的北魏平城时代（398—494）。再三步两转后，便来到一个可以人群聚集、可以远眺恒山和原野的院落，一个在山峰断面中生长出的立体性、实体性、综合性的佛寺僧院。

该院落呈长方形，长约10米，宽约3米，若此一算，也有近30平方米的平面空间。对于一个紧紧依贴在山腰间建构且横空出世的佛寺建筑而言，已经是非常之不易。依偎着山崖的一面，建有一排整齐精致的二层楼殿宇。佛阁楼宇的下层是供寺庙僧人们食宿和念经用的禅房与经堂，而上层为该山寺院落的主殿，包括三佛殿、太乙殿和关帝殿。从殿宇的名称和供奉的对象即知，其短短的一排房子，却构成了中国宗教文化的主干——佛、道、儒三教合一的独特属性和寺庙建构。如此不同的宗教殿宇和供养组合，是一种特殊的信仰状态，是一种开放的兼容情状，也是悬空寺这座北魏佛寺的一个重要的特色。

如此不同的造像格局和艺术现象，显然不是狭隘格局和独谋一技的朝政与君王之所为。它于无声处显现着开放、包容和创新的精

北魏佛寺

图5. 悬空寺的镶嵌式山门

神,而又相存融合的思想境界、文化表达与宗教理念,诚然是一个高度自信的时代和视野广阔的王朝所给予的人类历史观、宗教观、文化观、艺术伟力的精彩呈现。在第一层这个仅有30多平方米院落的南北两侧,建造者还精心建置了两座颇显玲珑之状的钟楼和鼓楼,佛寺中的晨钟暮鼓,悠远而洪亮,敲响了高山峡谷间精神追求和行为修持者的心心念想,也有一种幽静中的动态和发声。钟楼和鼓楼的内部构造中,设计和建造了仅可容一人上下的木梯通道(图6),一级一登,悬空而上,登上又一个高度。脚下的悬空木踏板钉着莲花图案的颗颗大铁钉,既起到了加固和连接的作用,也特别地和精致地显示着佛教美好的高洁寓意。在悬空寺中,此为"蹬梯踏楼""步步生莲"景象,寓意美好,创制精巧。

踏上悬梯,出钟楼和鼓楼,便进入悬空寺建筑群的中间地带,面阔三间的三层高楼矗立于翠屏峰峭壁悬崖上。高楼有屋顶、飞檐、斗拱、横梁、椽子、立柱、回廊和内堂,是一个完整的实体性建筑群落(图7)。整个佛寺的高楼一半藏之于山,一半又露之于外,具备了一个完整的佛寺殿宇应有的造型和气象风采,也彰显着它设计和建造的超凡想象、非凡智慧与不凡精巧。

这就是北魏佛寺的精彩和北魏文化的经典。

图6. 木梯通道

北魏佛寺的现存与撷英
BEIWEI FOSI DE XIANCUN YU XIEYING

图7. 山崖间的阁楼殿宇

再踏上翠屏栈道、悬空险要。其间，有天窗，有天井，有窟像，有长廊，步步有景，处处是悬。接着便走上了悬空寺的惊厥之巅——悬空飞楼，无遮依处。其下是万丈深谷，其上是绝壁垂悬，眼中是名山奇景，耳边则是风的细语和云的拂面。怪不得有人云此："不敢高声语，恐惊天上人。"

北魏平城时代的浑源名为"石城县"，属京畿之地。至唐朝时，因浑河发源于县域境内，才始称"浑源"。北魏平城时期有几位皇帝皆曾到恒山祭拜，又在恒山建置了大云寺，在龙山建置了玉泉寺，恒岳群山众峰成为北魏皇家举办礼敬天地、前进中原的一处重要的宗教活动之地和融合希望之道。

擎柱千年悬空寺，黄瓦殿廊倚峰腰；朵朵铁钉莲花妙，红墙危岩锁云霄。

### 2.觉山寺

觉山寺是北魏平城时代所建的又一处非常著名的佛寺（图8），而且屡修屡建，遗存至今，同样非常之不易和非常之难得。它是塞北地区逶迤群山中，灵丘县一张闪耀深厚历史文化光芒的千年名片（图9）。

北魏佛寺的现存与撷英
BEIWEI FOSI DE XIANCUN YU XIEYING

图 8. 觉山寺远景

图9. 逶迤群山中的觉山寺

公元386年北魏王朝立国，建置灵丘郡（治灵丘），隶属司州（治平城），也属于京城内地。

远在西汉高祖十一年（前196年）即设置了灵丘县。"灵丘"之名，有着久远的人文精神和崇拜英雄的情结。它由于提出"胡服骑射"军事改革主张的赵武灵王死后埋葬于此，故后世人们以此冠名来永久纪念这位战国时期赵国的英雄君主。

觉山寺又名"普照寺"。

就建置空间而言，灵丘县处于恒山、五台山、太行山三大山脉的汇接之处。其东为太行山山脉的有力延展，其南为五台山山脉的苍秀延续，其北为恒山山脉的挺拔延伸，灵丘县境内群山林立，重峦叠嶂，冬长夏短，冷多热少。

而现今其位于山西省大同市的东南角，东与河北省涞源、蔚县交界，西与山西省繁峙、浑源县毗邻，北与山西省广灵县相连，南与河北省阜平交界，其行政隶属于大同市。

就创建时间而言，觉山寺始建于北魏孝文帝太和七年（483），清康熙二十三年（1684）《灵丘县志》记载：孝文帝拓跋宏"值太后升遐日哭于陵，绝膳三日辍声。思答母恩，乃于灵丘邑之东南，溪行逶迤二十里，有山曰觉山。岩壑幽胜，辟寺一区，赐额曰觉山寺。召集方外禅衲五百余众，栖息于内，衣粮毕具。仍勒六宫侍女，长年持月六斋，其精进内典者，并度为尼。"

觉山寺具体位置在距离灵丘县中心东南约10公里的红石楞乡觉山村。

就佛寺结构而言，觉山寺主要建筑有两部分，一个是庙宇，一个是砖塔（图10）。密檐式砖塔是北魏始作而辽代重修的物态，其庙宇部分则经历了明崇祯三年（1630）重修和清代康熙二十七年（1688）、光绪十一年（1885）的屡修。觉山寺砖塔是北魏平城时代创建，又经历了辽代大安六年（1090）重修且保存至今的一座佛寺名塔，弥足珍贵。《山西通志》记载："觉山寺，在县东南三十里觉山。元魏孝文帝太和七年（483），因报母建，层楼阿阁，连亘山麓，招集方外禅衲五百余众，仍敕六宫侍女长年持月六斋，其精内典者，并度为尼。辽大安五年（1089）八月，镇国大王行猎经此，奏请敕修。"

就现今遗存而言，觉山寺内所建的佛寺殿宇非常齐全，几乎包含了汉地佛寺自东汉以来所创型的所有建筑样式，尤其是在遥阔而远逝的北魏平城时代，又在远乡僻壤的塞北山间，更显得十分不易。觉山寺的殿阁群宇中，既有钟楼（图11）、鼓楼、梆楼、点楼，

北魏佛寺的现存与撷英
BEIWEI FOSI DE XIANCUN YU XIEYING

图10. 觉山寺砖塔

北魏佛寺

图 11. 钟楼

292

又有天王殿、金刚殿、罗汉殿、韦驮殿、弥勒殿、贵真殿、大雄宝殿，还有文昌阁、魁星阁等。显而易见，其又是一处儒教、道教、佛教的要素集合和文化融合，也是一个三教合一的佛寺文化典型。在悬空寺、在觉山寺、在北魏平城时代的京畿之地，在从首都平城通往广阔的冀中平原的东南方向一线，宗教信仰和众信普惠的多元化是一个普遍的历史存在与鲜明的文化现象，值得我们关注和研究。在清光绪年间（1875—1908）觉山寺第二代宗师龙诚和尚重修时，整个觉山寺各大小禅院有134间，足可见其宏大的规模和香火的旺盛。

觉山寺的寺院布局和建筑特点，有非常清晰的层次章法和营造结构。一个偌大的佛教寺院，是以轴线来分布和串联的，现存所有殿宇屋落皆位于三条轴线上。据专家考证：觉山寺原初所建庙宇的平面为五条轴线，寺院西部的两条轴线在重修时可能因财力不足而没有按照北魏的寺院格局重建，现在原初寺院之基石仍存。进入觉山寺山门，东轴线上，依次建造了魁星楼、碑厅、梆楼、点楼、金刚殿、弥勒殿；中间的轴线上，有钟楼、鼓楼、天王殿、韦驮殿、大雄宝殿；西轴线上，有文昌阁、藏经楼、罗汉殿、贵真殿。东、中、西三条轴线上，都有配厢。寺院布局完整、错落有致、井然有序、规模宏大，显现出信仰和设计、施工和造作、原作和重修的坚定与精心。

觉山寺的全部建筑均为依傍山势、因地制宜而建筑，从进入山门开始，三条轴线上的殿堂屋宇皆呈由前向后渐次升高抬起的建筑布局与形态走势。这样一来，四面群山的环抱绵延，把整座佛寺托卧在当中，形成了一个地理中心和视觉焦点，也构成了宗教文化艺术的思想主题和教化主题。

觉山寺大佛殿，面阔7.15米，进深7.12米，广和深各三间，是一座几乎呈正方形的佛殿。佛殿建置于1米高的石台基上，单檐歇山式，举折平缓，出檐颇深，屋顶上覆盖灰筒瓦，并设置有硕大的琉璃鸱吻。殿身结构为典型的四架椽屋，通檐用二柱，殿内结构简练，相交严实，形制古朴，虽经后世历代修缮，依然显现着佛殿建筑的历史沉淀与庄严气象。

大雄宝殿内的墙壁上，绘有大型壁画，是一幅线条自然流畅、色彩清新艳丽、人物体态匀称、服饰搭配得体的八洞神仙画像（图12）。令人惊奇的是，这些道教中神仙的面容却和佛教中佛像的面容，表现出同样的端庄肃穆、慈悲安详的画笔与风格，几乎是一模一样，可见佛教与道教、儒教及民俗风情的融合之深和相融之洽。

图12. 大雄宝殿内壁画

在这个远离都城和中心城市的山间县城，人们对宗教的开放态度和文化的包容心态由此可见。此壁画为清代的作品。

觉山寺还有一些神奇之处，即所谓"塔井山齐"的景致。清康熙《灵丘县志》记载："寺前浮屠高十三丈，塔左山冢上一小浮屠高与之，并塔侧一井深亦十三丈，土人因号'三奇'。"这清楚地说明：觉山寺的白塔（觉山寺的点缀性和呼应性小砖塔，位于佛寺西南约百米处，塔高有5.32米）、水井和山峰的建造、开掘，恰好都处在同一高度上，均为13丈。上下里外之物的同一数据，显然有自然天成的妙趣，实际上也少不了设计者和建造者的非凡追求与精心努力，以此来强化神机灵验对信仰的宣传和对众生的感化。

觉山寺的另一个凸出的建筑，寺院中坐北朝南的密檐式砖塔，是这座寺院的建筑标志和文化符号。砖塔建于西轴线前院的中部，塔高有13层，总高度有43.54米，重建于辽大安六年（1090）。塔身平面呈八角形，塔形为八角十三级密檐式砖塔，高高耸立，层层叠升，精致构建。

密檐实心，全部砖砌而成，坚固而坚定。塔内有八角形塔宝，中心有八角形塔心柱，制作精心而精致。密檐式砖塔分为三大部分。

第一部分：基座（图13）。由两层组成，最下面呈方形，边长19.6米，其上为八角须弥座。在须弥座的中间匝施束腰，每边有三间壸门，上枋和下枋之间均以倚柱划分，还雕成了力士和飞天的佛教形象，皆用以神力支撑起上部的平座和塔身。实用和装饰、信仰与艺术，都巧妙而自然的结合与表现。塔身第一层由塔壁和内室组成，平面是八角，南北开券门，而东西则是隐身假门，其余四面皆用假植棂窗，整个外形完整地呈现着砖塔壮观和美好、严谨和流畅的结构形态。塔壁四周有砖雕歌舞伎，座上设置普柏枋，其上雕有平座斗拱。第一层塔身内的中心柱南侧雕刻了一尊卧佛，而中心柱的北面则雕刻了千手观音，四壁绘有60余平方米的辽代壁画。整个塔基部分，其内其外，都显得玲珑而精美。在塔基之上雕砌有外翻式大瓣覆莲依次展开，构成了塔身层级的过渡和艺术精湛的表现。

第二部分：十三级的密檐式塔身（图14）。其用砖石制成的斗拱支撑挑出的密檐，从第二层到第十三层，紧致细密，层层叠加，逐渐向上收缩，形成了耸立云霄的非凡气势，构成了佛塔的主要部分和主体段落。塔身通体采用辽代流行的沟纹砖，质地坚硬，工艺精细，丝毫不差，形成了密檐式佛塔雄浑刚健、缜密神秘、精致精

北魏佛寺

图13.砖塔基座

北魏佛寺的现存与撷英

图 14. 砖塔塔身

细的整体气象。

第三部分：攒尖式塔顶。如同其他佛塔的顶部一样，在高高耸立的塔顶上设置铁塔刹，铁刹是由天球、相轮、伞盖、仰月和刹杆组成，直指苍穹，插入塞北辽阔苍远的云天。

深山有寺觉为先，塔刹高耸入云间；千年风云飘然过，永留心底是善缘。

## 二、北魏洛阳时代的凡例（2座）

### 1. 少林寺

中原古寺，千年少林；岿然嵩山，闻名于世。

少林寺（图15）是北魏洛阳时代（494—534）遗存于今的第一座佛寺，也是北魏洛阳时代（494—534）40余年落幕岁月中最是盛名的伽蓝古刹，更是世界文化遗产和中国佛教艺术的彪炳之作，为人类所共享。千年古寺，北魏遗存，彰显着宗教的精神、时代的气象和建造的技术，也辉映着北魏的文明、文化的价值和审美的力量。

少林寺位于河南省郑州市登封市西北13公里处中岳嵩山南麓的

北魏佛寺的现存与撷英
BEIWEI FOSI DE XIANCUN YU XIEYING

图15. 少林寺外景

五乳峰下，与古都洛阳隔山相望。嵩山东为太室山，西为少室山，周围山峦环抱，青翠掩映，秀美幽雅，沟沟曲折相连，峰峰绵延相望，三十六峰，峰峰有名。少林寺因嵩山而坚固，嵩山因少林寺而荣光，山与寺、物与人共运而生、同向而力，共同传唱着北魏孝文帝太和时期（477—499）的改制传奇、迁都中原和北魏洛阳时代的佛教文明。

（1）就它的时间价值而言：它是北魏王朝具有改革精神的帝王孝文帝元宏迁都到中原洛阳后，所营建的最大的一座国家寺院，是北魏洛阳时代一座标志性佛教寺庙，给后世带来了广泛和深远的影响。少林寺建置于北魏孝文帝元宏太和十九年，即公元495年，也就是孝文帝迁都洛阳后的第二个年头。它是孝文帝给他所敬仰的印度高僧跋陀尊者提供的最好的修禅居所，选址在与都城洛阳相望的嵩山腹地少室山北麓，具有北魏皇家气派。史籍《魏书》卷一百一十四志第二十《释老志》记载：太和十九年（495）"西域沙门名跋陀，有道业，深为高祖所敬信。诏于少室山阴，立少林寺而居之。"

它坐落于嵩山腹地少室山的茂密丛林之中，人们因此称之为"少林寺"。少林寺从宗教的性质和意义而言，是汉传佛教的禅宗祖庭，在中国佛教和文化史上占有重要地位，被誉为"天下第一名刹"（图16），又是中国佛僧功夫——少林武功的发源地。寺院占地面积约57600平方米，规模宏大，气势非凡。又因该寺历代修学武僧潜心研创和不断发展的少林功夫而名扬天下，素有"天下功夫出少林，少林功夫甲天下"之说。

少林寺距今已有1600余年，悠悠岁月，漫漫古今，世事沧桑，历历见证，十分之珍贵。

（2）就布局结构而言：少林寺的主要建筑分布在少溪河北岸，从寺院山门直到千佛殿，共有七进院落。一个偌大的寺院，其主要建筑布局和结构，又大分为常住院、初祖庵和闻名于世的塔林。而常住院的建筑布局是沿着中轴线自南向北依次展开，分别是寺院山门、天王殿、大雄宝殿、藏经阁、方丈院、立雪亭和千佛殿。寺院西部矗立着肃穆庄严的塔林。其北建置有初祖庵、达摩洞、甘露台。而西南有二祖庵，再往东北有广慧庵。少林寺的周围还遍布同光禅师塔、法如禅师塔和法华禅师塔等十余座纪念性佛塔。

少林寺的山门，虽然是清初雍正十三年（1735）修建。门额上悬挂的大清康熙皇帝亲笔所题的"少林寺"匾额，是历史积淀与文化传承，非常之醒目。少林寺山门是一座面阔三间的单檐歇山顶建筑，下面有两米高的砖台，高大、稳重而坚固。

北魏佛寺

图16. "天下第一名刹"牌坊

天王殿（图17）是少林寺的主要建筑之一，其位置则是进入山门紧挨的殿宇，这也是汉地佛教寺院布局的主要特征，其主要的依据和功能是为了护佑佛祖与降伏众魔，祈求当地农事风调雨顺。天王殿红墙绿瓦，呈重檐歇山顶三间殿堂，殿内供奉四大天王像，神力超凡，威武雄壮。

天王殿的后面，是大雄宝殿（图18），应该说这是一般佛教寺院殿宇建筑的中心，也是寺院举行佛寺活动的中心场所。原大殿毁于民国十七年（1928），现样式为1986年重建。大殿正中悬挂着清朝康熙皇帝亲笔御书的"宝树芳莲"四个大字。殿内塑造有释迦牟尼佛、药师佛、阿弥陀佛三尊庄严的横三世佛大佛像，屏墙后面塑造有观音菩萨像，前面三尊三世佛大佛像两侧塑造有十八罗汉像，构成一个主题和主体集中，塑像内容丰富，场面、结构和层次较为完整的殿内塑像群，宗教意义和教化作用非常突出。

大雄宝殿的后面是藏经阁（图19），这是寺庙僧人藏经说法的场所，藏书约有八百万卷，有着厚重的佛教教育、佛教文化和佛教历史积淀。

大雄宝殿的西侧是六祖堂，主要是为纪念禅宗的六位祖师。六位祖师分别为禅宗初祖达摩、二祖慧可、三祖僧璨、四祖道信、五

北魏佛寺

图17.天王殿外景

306

北魏佛寺的现存与撷英
BEIWEI FOSI DE XIANCUN YU XIEYING

图 18. 大雄宝殿

北魏佛寺

图19. 藏经阁

祖弘忍、六祖惠能。这是禅宗的祖系，也是历史的传承，是禅宗派系寺院的主要建筑与宣教主题。六祖堂的正面供奉着佛教神谱中声名显赫的五大菩萨，分别是大势至菩萨、文殊菩萨、观音菩萨、普贤菩萨、地藏菩萨。西壁是歌颂性的彩绘，有禅宗初祖"达摩只履西归像"。

大雄宝殿两侧，对称地构建有钟楼和鼓楼（图20），皆为四层，矗立于高台之上。层层飞檐出挑，巍峨雄伟，匾额悬挂于一层与二层之间，东面是钟楼，西面为鼓楼。它们在宁静和安然的状态中，饱含着、积蓄着动态撞击下晨钟暮鼓时发出的雄浑彻响和悠远雷音。钟楼前碑刻为唐朝玄宗开元十六年（728）所立的"皇帝嵩岳少林寺碑"（俗称"李世民碑"），石碑正面是李世民告谕少林寺上座寺主等僧人的教文。碑中，刻写有李世民亲笔草签的"世民"二字和唐玄宗李隆基"太宗文皇帝御书"七个大字，皆极为之珍稀。石碑背面是李世民《赐少林寺柏谷庄御书碑记》。

达摩亭是为纪念禅宗初祖达摩所建。殿内神龛中供奉着达摩祖师的铜坐像，龛上悬挂有清乾隆皇帝御笔亲题的四个大字"雪印心珠"。该亭建于明代，又名立雪亭，现见为1983年重建。

达摩亭后面的建筑为千佛殿，是少林寺院内最后一进大殿。大

北魏佛寺

图20.鼓楼

殿的背面和东西两壁都绘制有彩色壁画，是少林寺壁画中的珍品。最为著名的有《十三棍僧救唐王》《五百罗汉毗卢图》，展示了唐代寺庙壁画的最高水平。因千佛殿内供奉有毗卢佛铜像和释迦牟尼佛白玉像，所以该佛殿又常常被人们称为"毗卢殿"。

千佛殿的东面还建设有白衣殿，西面建筑有地藏殿。

塔林（图21）是少林寺非常重要和凸出如林的一部分，也是人们印象深刻的少林盛景。塔林是在寺院的西部，位于少林寺西300多米的小山脚下，有唐、宋、金、元、明、清以及现代砖墓塔231座，占地面积约2万平方米。

塔林不仅保存有历代所建的砖塔，也有少林寺历代高僧圆寂后的墓塔。据传，目前少林寺的塔林还仅是原来数量的一半。一片塔林，有大大小小、高高低低、粗粗细细、各式各样的砖石墓塔，座座矗立，状如树林，形成了少林寺独特的别样景观，颇为奇异和壮观，形成了中国最大的佛教塔林。

塔林的北面有初祖庵，是一座木构建筑，它是少林寺的重要建筑之一，是宋代人为纪念禅宗初祖达摩而营建的纪念性殿宇。大殿神龛内供奉着达摩祖师像，殿的檐柱、内柱、墙下雕石和神台周围都刻有浮雕。因传说达摩在此面壁九年，一朝顿悟，所以称之为

北魏佛寺

图 21. 塔林

"达摩面壁之庵"。不难看出,修建庙庵,出于纪念,颂于大德,基于事迹,颇有深厚的历史感、人文性和精神性。宋代宰相蔡京是书法名家,其所书的石额"面壁之塔",现今仍存之于寺内。现在的初祖庵,自有山门、大殿、面壁亭和千佛阁等,也是一个较为完整的寺院。

少林寺在日后的发展演变中,成为中国化佛教禅宗的重要寺庙。其中不仅有达摩亭,还在塔林北面建有达摩洞(图22),其也是少林寺的重要景观和历史遗迹。达摩洞是在少林寺背后五乳峰中峰上部的一个天然石洞,相传是禅宗祖师达摩在嵩山面壁修禅之处,所以被称为"达摩洞"。洞口用青石砌成拱门,约七米深的石洞内,台上雕放有三尊石像,中间为达摩坐像,两侧为其弟子像。洞外雕刻有"面壁洞天"四个大字,洞内刻写有"本来面目"四个大字。

少林寺院内外还有皇帝宵宿少林、御书赋诗题字、佛教禅宗世系、历种宗派起源、大德高僧禅修、名家圣迹流芳、建筑营造法式、塑像书法壁画、方丈起居理事、碑刻铭文字画、经阁万卷藏书、嵩阳书院教学、寺产田井水碾、生产生活用具、日本高僧铭文、众多传说故事、历朝历代变迁、医法药法良方等历史文物遗

北魏佛寺

图22.达摩洞

迹，以及众多附着于各处殿宇中的其他文物遗存，都具有珍贵的历史价值、文化价值、书法价值、艺术价值和审美价值等。

在软文化方面，专有少林拳术、少林棍术、少林枪术、少林刀术、少林剑术等武功套路700余种的少林功夫更是享誉海内外。

（3）就它的历史价值而言：少林寺始建于北魏孝文帝元宏迁都洛阳初期，从此在中岳嵩山铺展开了一幅中国化佛教和中国历史文化的漫漫长卷，历经北魏洛阳时代、北周、隋、唐、五代、宋、金、元、明、清、民国至今1600余年的岁月洗礼，成为时间跨度最长、建筑种类最多、文化内涵最为丰富的古代建筑群和中国化佛教圣地。凭借其中原之地的正统历史地位、区域物产的富庶、交通交流的便利以及厚重的积淀和重文的民风，浓墨重彩地点缀着不同时代、不同风尚下的历史记忆与真实存在，再现着特定时代、特定人群的历史面貌与精神状态，是一种历史发展和文化传承的独特"介质"与"储存"，具有独特的历史价值和文化价值。

典籍《河南府图经志·寺观》记载："少林寺在登封县西北二十里少室山北麓。按大藏《弘明集》及唐碑，后魏孝文帝与高僧跋陀之所创也。至梁普通（520—527）中，有达摩禅师，自西域航海而来，至于金陵凤凰台，与武帝对问不契，即折芦渡江来居此，面壁九年。有僧神光立雪齐腰，求安心法，即斯处也。今有面壁石洞存焉，又有立雪亭、面壁庵，皆是遗迹也。前山曰少室，旁有名城峰，其顶有二祖庵，院有四井，传为二祖卓锡泉，此又隐居之所。周武纳元嵩之说，禁释氏之教，寺因而废。隋文启祚复兴，改为陟岵。至唐复名少林，历五代、金、宋，兴废不一，廊宇尚存。"

方志《嘉庆重修一统志》卷二〇七《河南府二·寺观》记载："内有唐武德初（618）秦王告少林寺主教碑，开元（713—741）中裴漼所书碑。沈佺期、宋之问皆有少林寺应制诗。寺东廊后有秦槐，相传秦时封为五品。寺右有面壁石，西北则有面壁庵，即达摩面壁九年处。本朝雍正十三年（1735）修，乾隆十五年（1750），高宗纯皇帝巡幸嵩洛，驻跸寺内，有御制《少林寺作》《题面壁石》《宿少林用唐沈佺期韵》诸诗，并御书行宫匾额曰'修挹嵩云'，初祖殿额曰'雪印心珠'，佛殿额曰'香岩云梵'，毗卢殿额曰'法印高提'，达摩殿额曰'最胜觉场'及诸对联。"

在南北朝佛教发展的高峰期，北周武帝采纳还俗沙门卫元嵩"删寺减僧"的建议，在建德三年（574）下令禁止佛教流传，史称北周武帝灭佛，少林寺毁坏严重。

北周大象二年（580），北周静帝恢复少林寺，将其名改为陟岵寺。

隋文帝崇佛，复改陟岵寺为少林寺，并赐给少林寺土地一百顷，再加上其他赏赐，少林寺成为拥有百顷良田和庞大寺产的大寺院。

唐初（621），少林寺十三和尚因助唐有功，受到唐太宗的封赏赐田千顷，水碾一具，并称少林僧人为僧兵。从此，少林寺名扬天下，被誉为天下第一名刹。

至唐宋年间，少林寺拥有土地14000多亩，寺基540亩，楼台殿阁5000余间，僧徒达2000多人。达摩开创的禅宗教派在唐朝兴盛，是唐代佛教最大宗派。

宋仁宗庆历三年（1043），庆历新政失败后，留心空宗者始于汴京（今开封）设立禅院。

北宋元祐八年（1093）前后，报恩禅师在少林寺弘扬曹洞宗风，终使少林寺"革律为禅"。

元代初（1245），世祖命福裕和尚住持，并统领嵩岳一带所有寺院。福裕和尚住持少林寺期间，创建了钟楼、鼓楼，增修了廊庑库厨，僧徒云集。

历史记录了少林寺真实的存在和曾经有过的种种模样，让人们在历经千年沧桑之后，仍可窥见其发起于北魏繁盛于后代所形成的"天地之中"（2010年8月1日，第三十四届世界遗产大会在巴西首都巴西利亚宣布"天地之中"历史建筑群正式列入《世界遗产名录》)的宏伟气象、古朴风华和文化胜境。"天地之中"是指河南省郑州市登封少林寺建筑群落,包括常住院、初祖庵、塔林;东汉三国包括太室阙、少室阙、启母阙,以及中岳庙、嵩岳寺塔、会善寺、嵩岳书院、观星台共8处11个历史建筑。

少林寺建筑群,留下了北魏洛阳时代(494—534)真实而别样的历史模样与文化根基,体现了北魏佛寺独特而深厚的历史眼光和文化追求。

(4)就它的宗教价值而言:少林寺的宗教价值,不仅表现在佛教的中土传播状态,而且体现在北魏佛教的皇室化和国家性质,更为内在的宗教学价值和学术意义则是佛教中国化进程和佛教本土化特征。世人的普遍共识是:少林寺是中国化佛教禅宗的祖庭,这就是其突出的宗教价值和佛教地位。

少林寺缘于北魏孝文帝元宏以北魏洛阳时代(494—534)初君的显赫身份,以皇家信仰的坚定力量,在嵩山真诚迎接和厚礼"一苇渡江"而来的南天竺国的高僧达摩尊者,敕建少林寺。"东来肇迹"(少林寺五乳峰达摩洞北额题刻)是其真实的历史陈述和重要见证,达摩尊者由此开启了中国化佛教禅宗的创立和初传。倡导实相无相、微妙法门、不立文字、教外别传、明心见性、顿悟成佛。初祖达摩、二祖慧可、三祖僧璨、四祖道信、五祖弘忍、六祖惠能……直至现任曹洞正第47世第33代嗣祖沙门释永信。这既是佛教禅宗的传承，也是中国化佛教的延续。

佛教典籍《景德传灯录》第三卷记载："第二十八祖菩提达摩者，南天竺国香至王第三子也。……具大舟，实以众宝，躬率臣寮，送至海壖。师泛重溟，凡三周寒暑，达于南海，实梁普通八年丁未岁（527）九月二十一日也。广州刺史萧昂具主礼迎接，表闻武帝。帝览奏，遣使赍诏迎请，十月一日至金陵。帝问曰：'朕即位以来，造寺写经度僧不可胜记，有何功德？'师曰：'并无功德。'帝曰：'何以无功德？'师曰：'此但人天小果，有漏之因。如影随形，虽有非实。'帝曰：'如何是真功德？'答曰：'净智妙圆，体自空寂。如是功德，不以世求。'帝又问：'如何是圣谛第一义？'师曰：'廓然无圣。'帝曰：'对朕者谁？'师曰：'不识。'帝不领悟，师知机不契。是年十九日，潜回江北。十一月二十三日，届于洛阳，当后魏孝明太和十年（486）也。寓止于嵩山少林寺，面壁而坐，终日默然。人莫之测，谓之壁观婆罗门。"

永安元年（528），印度高僧勒拿摩提和菩提流支先后到少林寺开辟译场，在少林寺西台舍利塔设立翻经堂翻译经书。之后，慧光在少林寺弘扬《四分律》，经多代发展，后世最终形成中国化佛教的重要学派——四分律宗。

北魏孝明帝孝昌三年（527），释迦牟尼佛第二十八代徒菩提达摩来到少林寺，他在跋陀尊者开创的基础上，广集信徒，传授禅宗。东魏孝静帝天平三年（536）传法于慧可，从此禅学在少林寺落迹流传。

天竺嵩岳斗星移，修学不止远道来；佛法至理面壁觉，心善顿悟世间禅。

## 2.香山寺

香山寺（图23）建造于北魏孝明帝元诩熙平元年（516），是北魏洛阳时代的著名佛寺。

孝明帝元诩是北魏迁都洛阳后的第三位君主，此时也是继孝文帝元宏和宣武帝元恪之后，北魏洛阳时代（494—534）的繁盛之期，北魏佛教和北魏佛寺皆得以大力发展与兴建。

孝明帝元诩有五个年号，共享国13年，香山寺建于孝明帝的第一个年号"熙平"的第一年，可见其建造时的初衷。

北魏佛寺的现存与撷英
BEIWEI FOSI DE XIANCUN YU XIEYING

图23. 香山寺俯瞰全景

作为北魏洛阳时代的著名佛寺，香山寺似乎留给人们最大的印象就是名山、名寺、名人。

（1）名山是香山寺的第一个特征。

自古香山皆有名，洛阳香山天下闻；香气萦绕山中寺，红墙灰瓦诵经声（图24）。

香山寺位于河南省洛阳市城南13公里处的香山西坳，隔伊水与龙门西山石窟群相望，与龙门东山石窟的名胜白园并立，组成了洛阳龙门石窟佛寺的核心地段和黄金区域。从文化学的角度看，香山寺属于大龙门石窟文化的核心范畴，属于古都洛阳龙门佛教文化和佛教艺术的重要组成部分。

龙门东山之香山，在北魏时期引进并种植有香葛，这是一种浑身散发着浓浓香气的藤科类植物，民间传说其香味可远飘百里，闻之者心情愉悦舒畅，故而被当时的人们慕名来赏和广为称颂。因此，此山被人们喜悦地称为"香山"，也自然成为龙门东山地区令人向往的名山。

香山含异香，拂面悦心头；地上浮绿水，天蓝飘白云。

（2）名寺是香山寺的第二个特征。

唐代大诗人白居易曾主政河南尹，因其深深喜爱香山，便自号

北魏佛寺的现存与撷英
BEIWEI FOSI DE XIANCUN YU XIEYING

图 24. 青翠环抱的香山寺

"香山居士"，并捐资重修香山寺，还亲自撰写《修香山寺记》。在《修香山寺记》的开篇即写道："洛阳四野山水之胜，龙门首焉；龙门十寺，观游之胜，香山首焉。"由此可见可感，在有着官员身份和大诗人荣誉的白居易眼里，香山无论是山水，还是佛寺，都是古都洛阳周围最好的山水和龙门十寺中最好的佛寺，香山寺为最胜和第一。

香山寺在唐、宋、元、清、民国皆有重修。现今的香山寺，是2003年第五次新建与重修，它在原址基础上修缮、保留和新建了天王殿、三圣殿（图25）、大雄宝殿、钟楼、鼓楼等佛教建筑和其他纪念性建筑。

香山寺整体建筑群呈现出前水后山、下窟上寺、高台筑庙、绿树掩映、小巧精致、清新幽静、依顺山势、逐渐抬升、错落有致、构建有序的建筑特征，真是一座不可多见的山水之胜、阁楼之胜的佛国胜境。

进入香山寺的山门，临岩墙造设了对称而立、沉稳于地的有气势、有造型、有结构、有精工的钟楼和鼓楼。

鼓楼和钟楼（图26）皆为二层砖砌楼阁，斗拱飞檐，楼面瓦垄，顶脊兽立，气势非凡。钟楼和鼓楼的下层四面皆为半圆拱门与

# 北魏佛寺的现存与撷英
BEIWEI FOSI DE XIANCUN YU XIEYING

图 25. 三圣殿

北魏佛寺

图26. 钟楼

月亮圆窗。鼓楼和钟楼面对面的一侧都是半圆拱门，名钟楼者楼内便是悬挂大钟，而称鼓楼者悬挂大鼓，表里如一，名副其实。楼阁外侧圆拱门上沿部有扇形砖制匾额，分别刻写"钟楼""鼓楼"。两座楼阁斗拱飞檐、檐角皆悬挂大铜铎，风吹铎鸣，清音远播。

钟楼、鼓楼设计和建筑的精当、精巧、精工之处，还表现在：楼顶之上分别有三个建筑物件结合在一起，形成顶刹。

第一部分是上下两个根底对叠组合在一起的大莲蓬。青莲加青莲，莲莲愈生清，设计巧妙，构作敦实，寓意深厚。

第二部分是标志性构件。楼名是鼓楼者，其上竖石鼓；楼名是钟楼者，其上竖石钟。它们皆与楼阁第一层内所悬挂的大鼓或大钟上下相呼应，名实相符，非常精巧、精心和精致。

第三部分是竖立其上的铁针，直刺云天，传响天穹。

天王殿（图27）是香山寺的第一级建筑，它在钟楼和鼓楼对称相立而形成的前庭后，从空间关系看，它们恰好形成一个等腰三角形。内院前庭的正中便是香山寺的第一座正殿——天王殿，地形虽不宽大，但设计极为精巧和精心。

天王殿面阔二间，建筑在有六级石台阶砌成的高台之上，衬托起殿宇高大雄伟的气势。天王殿歇山顶，红门灰瓦，斗拱飞檐，气

北魏佛寺

图27.天王殿

象庄严。

香山寺是香山腰间一块有风有水、有气有象的宝地，虽然地面不大，但殿宇紧凑、建筑精致，整个建筑群依山势而上，有主线，有层级，有节奏，在完整的寺院内，形成了三级建筑形态。第三级高高在其上的便是香山寺的大雄宝殿。

大雄宝殿（图28）坐落在香山寺的建筑中线或主线上，是香山寺最高最大的殿宇。它建筑在两个宽大的一级和二级石台之上，雕栏玉砌，平台宽大而稳固，两级石台形成了一个巨大的实体性空间。它既是大雄宝殿的基础和平台，又在下面暗含着大殿一层两面开门的纪念性建筑，形成了正面是大殿、侧面为屋室的隐藏式建筑，这样一种建筑思路和建造模式十分精妙，构成了香山寺多层结构的建筑形态。既有常规性、主题性佛教建筑特色，又有变化性、丰富性的建筑艺术趣味，错落有致，独树一帜。大雄宝殿第一层两面构成了另外的两个实体性建筑，皆设计成有三个雕花石券门，正中的券门上面刻写"九老台"三个大字，显然是纪念白居易住寺结伴、赋诗说法之佳话事迹。

香山寺还有其他一些建筑，也都具有不同的模样和别样的风采，皆为香山寺增添了古寺梵香、法音清凉、山水染目、风吹心爽

北魏佛寺

图 28. 大雄宝殿外

的人间盛景。

香山藏古寺，绿树掩名楼；伊水伴法音，钟鼓传远声。

（3）名人是香山寺的第三个特征。

作为中原之地、繁华古都和龙门胜景的香山佛寺，在历史车轮不歇地行进中，与众多名人结缘，也被他们所垂爱和颂赞，由此又赋予了香山寺荣光繁盛的人文气息和广受喜爱的迷人风采。

武则天作为中国历史上唯一的正统女皇帝，于天授元年（690），改国号为周，定都洛阳，建立了武周王朝，共用17个年号，享国21年。她经常巡游香山寺，并敕名"香山寺"，且以唐朝强大的国家力量，重修香山寺。她还将洛阳称为"神都"，因其喜爱香山和香山寺，武则天还经常在香山寺的石楼坐朝理政。据史载：武则天曾主持了一次"龙门诗会"，留下了所谓"香山赋诗夺锦袍"的历史佳话。

中唐时期，白居易不仅作为河南尹，捐资六七十贯重金重修香山寺，使香山寺保持了日臻完好的形象，而且作为名重一时的大诗人，还常住寺内，先是与胡杲、吉旼、郑据、刘真、卢贞、张浑等六人结成"尚齿七老人会"，后又加之李元爽、如满和尚等人结成"香山九老"（图29），终日享受香山的幽雅、恬淡、清香和安逸，在香山寺与众友赋诗、谈经、歌咏、诵读，还收集了5000多卷佛经

北魏佛寺

图 29. 九老堂

捐藏入寺，赋予了香山和香山寺浓郁的中唐文气诗话与佛教卷帙浩繁韵味，为香山寺留下了千古名篇《香山寺二绝》和十卷《白氏洛中集》。

清乾隆皇帝巡幸香山寺，也被香山的美景和香山佛寺的盛景所吸引，感怀作《香山寺二首》，称颂"龙门凡十寺，第一数香山"的千古名句，并刻碑纪念（图30），留下"乾隆御碑亭"，更使香山寺名闻天下。

民国时期，香山寺在进行重新修建后，还在寺内东南侧建有一幢两层小楼，被称为"蒋宋别墅"。

方志《嘉庆重修一统志》卷二〇七《河南府二·寺观》记载："香山寺，在洛阳县西南二十五里。后魏熙平元年（516），建龙门十寺，观游之胜，香山为首。唐白居易有《修香山寺记》。本朝康熙四十六年（1707）重修，乾隆十五年（1750），高宗纯皇帝巡幸嵩洛，经临寺中，有御制《香山寺杂咏》《题香山寺》诸诗，并御书'香岩净域'匾额。"

方志《河南通志》卷五十《寺观·河南府》篇记载："唐白居易与僧佛光结香火缘，尝写其文集留寺中。寺久废，皇清康熙四十六年（1707），学使汤右曾捐俸重建，有碑记。"

岁月随云去，佛寺依旧在；人文留史话，风雨香山寺。

图30. 乾隆御碑

结语 | 北魏佛寺

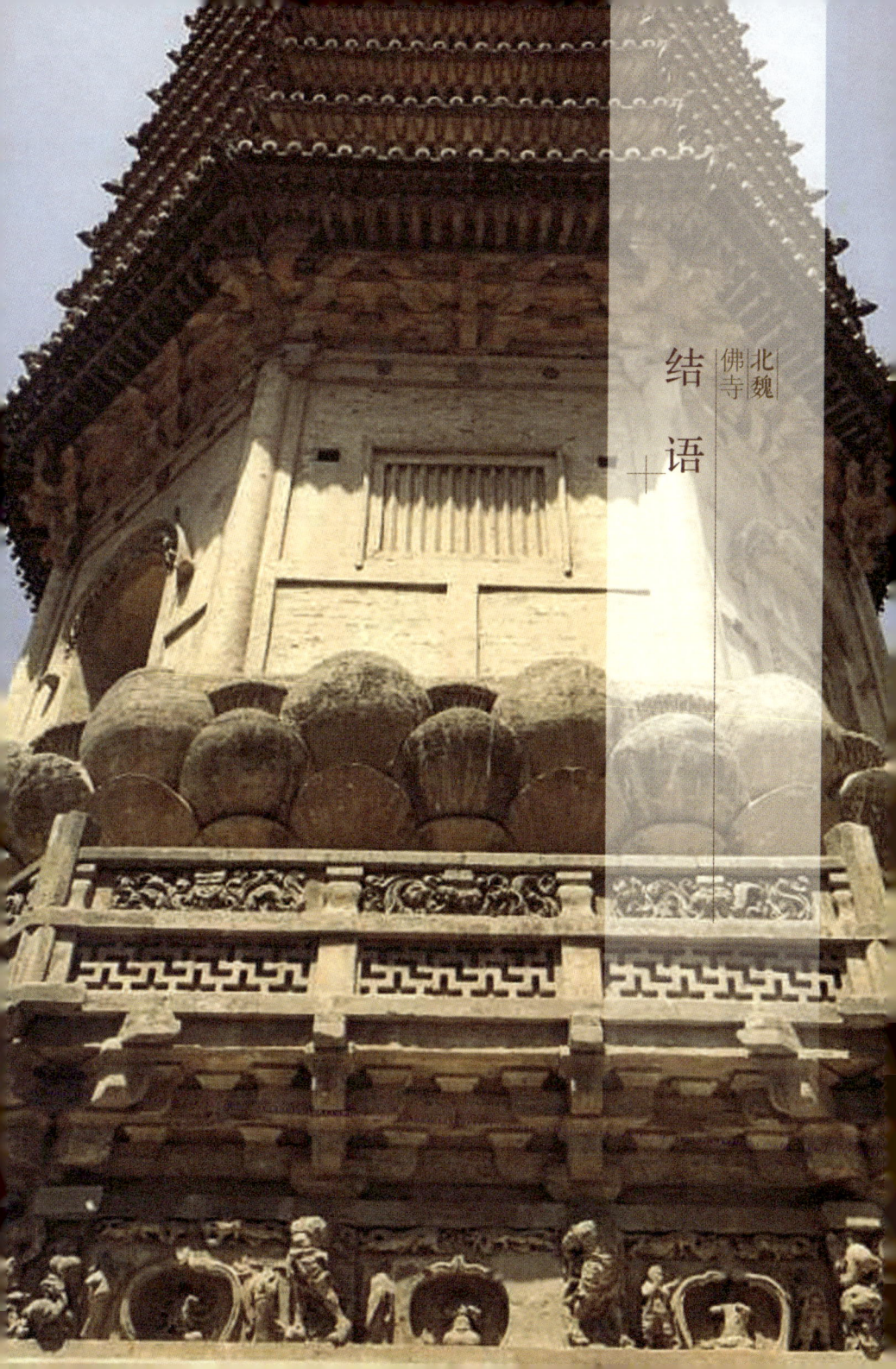

## 结语

北魏佛寺是对东汉以来佛教文化、建筑艺术和佛寺先例的一种学习与继承，也是北魏王朝在开放自由、兼容并蓄、交往交流、尊佛崇僧的文化思潮中所构建的一种融合了时代特点、民族精神和文化理念的佛寺新创造与新发展。

北魏佛寺是北魏佛教的重要组成部分，也是北魏佛教文化、佛教教育、佛教哲学和佛教艺术的重要体现。因其有北魏王朝的皇家偏好和统治政权的支持，有佛教"皇家化""国家化"的发轫和风尚，故而北魏佛寺便得到了长久持续的兴建，散见和分布在各个时期与各个地区。

从开国皇帝道武帝拓跋珪，一直到末帝孝武帝元脩；从内外长城之间的塞北高原，到黄河两岸的中原沃野，一座座北魏佛寺建筑高低错落、规模大小有别、院落幽寂清净、梵呗伴随钟声、香烟袅袅升腾，都以其不可移动的物态之坚固和蕴含其中的独特历史价值与丰富宗教文化的特性，点缀和充实了北魏佛教的历史与文化、艺术与审美，记述了一段已经茫然远去了1600余年以及中华隋唐盛世到来之前的社会、宗教、建筑、艺术和人文风俗的宏阔历史，塑造出一个民族融合、文化融汇和佛教发展的崭新形态，形成了鲜明的北魏佛寺的建筑特征、文化特性和审美特点。

## 一、北魏佛寺是一种建筑

佛寺首先是作为一种实体性、综合性和艺术性的建筑而遗存于世的。它是佛教文化和佛教艺术的一个类别，是佛教教育和佛教礼仪的重要承载之地，也从一个侧面凝固和展现了北魏营造工程、建筑技术的发展水平。

佛寺是佛教僧徒们为了自己的宗教信仰、礼佛诵经、宗教学习、悟道修行而创造的宗教性、实用性和艺术性的物理空间，也是为了教化广大民众，满足他们内心需求的信仰安慰、精神渴望和心灵向往所提供的文化场所。

佛寺是有形的，也是有态的，而且是多种多样、千姿百态；既有规模宏大的建筑集群，也有单体独立的一寺一庙；既有平原地区规划和建筑周正的佛寺，也有山间依势而建的寺庙。它们是以木为结构体系，以高台为基础，用砖、木、石、瓦、泥等作为基本物质材料和建筑构件，根据佛理、功能、实用和精神的需要，在山间和平地构建出不同样式、不同材质、不同气象的实用性、实物性、综合性、艺术性的空间形态，展现出建筑工巧的千变万化，凝固着人类千思万绪和千姿百态的情感与智慧，演奏出不同主题、不同节奏、不同经本的心底渴望和精神追求的心声，体现了营造者的建筑理念、宗教精神和技术水平，凸显了本院修行者的佛教信仰和佛教教育。每一座佛寺，大多都具有整体规划、布局合理、错落有致、凸凹飞翘的外在形态，也都具有间宽纵深、高低变化、柱梁檐拱、内含佛理的室内空间，也皆具有花树映衬、道路曲直、回廊亭阁、奇石堆叠的禅修园林，还充溢着佛教建筑和园林艺术的聪明智慧与艺术想象。从东汉明帝建造的第一座佛教寺庙白马寺开始，中国佛教寺庙表现出的第一个文化特征就是其鲜明的建筑特征和园林特色，佛教寺庙的建筑特征有着完全不同于宫殿和民居的建筑表现、空间形态和风格色彩；园林特色也有着完全不同于世俗贵胄修建的假山叠石、曲水流觞和亭台楼阁。每一处佛寺有着即看即知、瞬间明了、心有感应的一种物态印象、建筑模式、文化区别和色彩认知。

从实物遗存、碑记方志和文献记载得知，无论是哪一个时期的北魏佛寺，不管是坐落于何处的伽蓝古刹，它们首先表现为建筑和园林的形式、建筑和艺术的融合、佛教和文化的意味、时代和区域的风情。山东、山西的佛寺是这样，河南、河北的寺院也如此，其他地区的北魏佛寺也概莫能外。

佛寺的建筑和布局，汉式佛寺的主要建筑大都设计和建筑在中轴线上，而附属建筑则安置和排列于东西两侧，形成了一个有中心、有层次、有布局、有主次、有义理的建筑集群，构建成突出中心、中线分割、对称布局、高低错落、宗派鲜明、园林景深的中国式或中国化佛教寺庙体系。

佛寺入口一般皆有石条垒起的青石台阶，是一种庄严、凝重、踏实的建筑铺垫。人们可以拾级而上，踏入山门①，进入寺院。佛寺的布局一般有一个中轴线，沿着中轴线，建起一座一座的佛殿，而且大多是先小后大逐渐增高加大，直到整个佛寺最高最大的佛殿，大多数即是大雄宝殿。其建筑体量、歌颂主题和义理教化也走向高潮与顶点。其内有规模颇大的主题性佛教塑像、刻像、雕像，僧众们皆可在此礼佛、诵经，进行佛事活动，以达到信仰者内心信仰和智慧教育的高潮与圆满。

中国的佛寺大致可以分为两大类：一类是广大汉族地区的佛寺，人们一般皆习惯地将其称为"汉地佛寺"或"汉式佛寺"；另一类是蒙藏地区的佛寺，人们则习惯地叫其"藏地佛寺"或"藏式

---

①山门常又称为"三门"。因为许多寺院的正面楼门皆设计和开辟成三个门，所以又写作为"三门"。在佛教教育和佛教义理中，这三座门，象征和寓意着"三解脱门"，即空门、无相门、无作门。

佛寺"。这样的一种简单分类方法，显然是以其佛寺兴建地区和信仰受众群体而称谓的，区域性和人群性是其中一个重要因素与命名原则。此外，还有另一类划分和界定方法，则是依据其佛寺所处的自然环境和地势地貌的特点，将佛寺建筑在平地大川的就叫作"平川式佛寺"。而佛寺因地依势修建在山底、山中和山上的则称之为"依山式佛寺"。令人印象深刻的是：无论是前者所说的"汉式佛寺""藏式佛寺"，还是后面所说的"平川式佛寺""依山式佛寺"，它们都是一座座实实在在、有墙有瓦、有柱有梁、有檐有门的实体性建筑，矗立在平川乡野，固化在逶迤山中。建筑性是佛寺的第一个可感、可知、可言的属性。

佛寺的建筑特性表现在它的布局特征、实体特征和构造特征上，也表现在它的园林特征、宗教特征和精神特征方面。

就佛教寺庙的布局特征而言，它又直接导致和形成了它的园林特征，是一种有意义、有景致和有实物、有气象的空间状态，也是一种建筑空间的大结构。而它的实体特征，则充分表达了它所具有的宗教特征，是一种佛教教育礼仪和佛教建筑秩序的形态描述，也是一种建筑结构的文化表达。

"汉地佛寺"或者"汉式佛寺"，绝大多数在规划、布局和营建上，有一个明显的特点，即"对称性"和"中轴性"。对称性在构思设计、构画图纸和建筑实物的方向与呈现效果方面，是有一个"中轴"或"中分"，以此为轴为线，左右两边的建筑呈现出两两相对、左右一致、互相呼应、折叠对称的特点。还有另外一个特点，就是其单体从山门开始建筑便逐渐抬高、逐渐增大的特点。如此一来，汉式佛寺就形成了"左右对称、前低后高、下小上大、整体均衡、方形周正"的建筑特点。

在佛寺的中轴线上，一般第一座实体性建筑是山门殿，第二座实体性建筑是天王殿，接着便是佛寺的主体殿宇大雄宝殿，形成前低后高、下小上大、一线垂直、渐高渐大的布局特点。

在中轴线建筑的两边，常常是在山门殿左右的建筑有钟楼和鼓楼，以用于晨钟暮鼓、报时醒人。接着纵深往上东西两边建构有观音殿、药师殿、文殊阁、普贤阁、祖师堂、罗汉堂等中等量级的佛殿屋宇。大雄宝殿的两侧常是伽蓝殿、祖师殿。有些大的寺院，在大雄宝殿的后面设计和建造有藏经楼。

殿堂的两侧还有廊庑相连，起到变化曲折、实体联系和意义延伸的作用。

在中轴线及左右两侧的宗教性、主体性建筑的外围，汉式佛寺还有保障性和服务性的僧人们生活的派生性建筑，一般是东区有僧房、库房（职事堂）、食堂（斋堂），西区用于接待客人，有茶室等。

若此说来，中轴线上的宏大主体性建筑和其分列两侧呈对称性的殿堂、楼阁和廊庑，与之再扩散和绵延于东西两边的生活性、事务性建筑，构成了一个佛寺的基本建筑框架和空间布局，再以此为点合围起来，就形成了汉地佛寺的另一个显著特征"园林性"。佛寺园林中，有花草，有树木，有碑林，有池塘，有鸟鸣，有鱼游，有蝶舞，有蝉吟，有奇石，曲径通幽，花林独芳，显示着造景的特点与趣味。所以，对于佛寺来说，它不仅仅是一座座建筑，也是一个个园林。建筑性是佛寺的首要特点，园林性则是其派生特点。

我们以现今仍然完整遗存的山西省大同市浑源县的悬空寺和灵丘县的觉山寺以及河南省洛阳市的少林寺、香山寺为例，来验证和体会北魏佛寺的建筑特性、园林特性。

## 二、北魏佛寺是一种教育

佛教最初的成教形态和传教过程，都非常清晰地表明：它是一种知苦、离苦、断苦、灭苦的人生观教育。而佛寺作为这种教育的主要承载之地和集合之身，也自然而然地具有了佛教教育的属性，发挥着佛教教育的功能，传承着佛教教育形式"石窟""精舍"的传统和文化。

从佛教的文献和记载得知：佛祖释迦牟尼是在菩提伽耶（现今印度比哈尔邦南部菩提伽耶市近郊）的菩提树下成佛后，首先把他所证悟的"四圣谛、八正道"传讲给先前跟随他入山修道的五位侍仆，而听了初讲之后的这五位侍仆也就成为最早的受教者和出家人，成为佛教史上闻名的"五比丘"。我们可以分析和综合地看，这一事件中：有教师（释迦牟尼），有学生（五位比丘），有教学内容（四圣谛和八正道），也有教学的场地（菩提伽耶道场），一个完整的教学形态和教育体系则呈现出来。这也是佛教的原始形态和原初本意，佛教的教育性即萌始于原初。

佛教传播的过程和佛教发展的历史，从某种学习意义和学术思考的角度讲，也就是一部宏大而广泛深刻的教育史。从中印度到北印度，从原始佛教到部派佛教，从释迦牟尼时代到孔雀帝国的阿育王时期，从中亚地区到华夏东土，从小乘佛教到大乘佛教，从汉地佛教到藏传佛教，佛教传播的过程，就是一个一个僧人言传身教、自觉觉他和修行圆满的教育历史，自然也就是一个一个地区的人们认知"诸恶莫做、众善奉行、自净其意、是诸佛教"的受教过程。

# 结 语
JIEYU

就是这样一种独特的、与人人的现在和未来都有缘起因果逻辑关联的教育，改变着人的精神面貌和心理能量，也书写着人类一种思想文明和思辨认知的传播进程。

一卷又一卷的佛教经藏、律藏、法藏，一页又一页的讲道德、讲文明、讲礼貌的劝善篇和劝孝篇，其中所记写的，正是受教者需要不断学习、不断修订、不断精进的走向最终智慧觉悟的圆点。漫漫书卷中表达的思想，晨钟暮鼓下进行的念诵，佛风法雨里蕴含的滋养，都是一种虔诚的慈悲教育，也都是一种因果报应和劝善惩恶教育。

佛教的教育，有它独特的环境和方式，在传入华夏中原的东汉明帝时修建白马寺之后，便形成了一种建筑模式和空间定式，即佛寺。由此，佛寺也就成为佛教教育的安放之地和承载之地，形成了佛教教育重要的记诵传播和输入输出方式。

有些佛寺，僧人们凌晨3点20分起床，每天勤勉修学、持戒、听经、念佛、忏悔、禅定以及做一些其他的修行法事。

来佛寺住持印志法师说："寺院就是学校，佛教就是教育。"可谓是对佛寺性质和特征最简单、最本质、最经典的概括。

许多佛寺中都珍藏有成套成卷的佛经和文献典籍，以供教育和典藏之用。

345

北魏佛寺现存可见的少林寺、香山寺都有藏经阁和赋诗论经之建筑实体，显然就是以它们为代表的北魏佛寺所具有的佛教教育性质、佛教教育特征、佛教教育形式最深刻、最直接、最经典的形象说明与生动展示。

三、北魏佛寺是一种文化

佛寺是一种充满了宗教精神、教育传承、信仰实践与艺术表达的实体性、综合性、艺术性的建筑和园林，也是一种记录僧众心灵信念、精神向往与修行方式的文化和文明，它是人类非凡智慧、心灵畅想和创造性劳动的一种显现。

佛寺是一种心灵皈依与安慰的心理结构。佛教寺庙是一个实体性的建筑系统和功能系统，佛寺中的各种建筑、各种设置，都集中在给僧徒、给民众以精神的可归和心灵的慰藉，都是佛教教育和教理精神的体现，也是佛教教育的超大规模和复杂系统的集成。为了使得每一个身受苦难的人、心有渴求的人，得到解脱，得到解救，在北魏王朝不同时期建造的几乎每一座佛寺里，都有可以让心灵和精神得到安慰和皈依的环境、气氛、塑像、图画，都有对其内心信仰和人性自律的指引。天王自有天王的威严，三世十方佛又各有各的无边法力，菩萨、弟子、罗汉也有各自的成佛追求和修业阶级，

## 结 语
JIEYU

即使是佛寺中的殿宇、亭台、楼阁、廊道、钟鼓、香炉、碑楼、碑亭、经幢和放生池等也都在显示着一种默无声息的安慰秩序。在佛寺的建筑系统和功能系统中,硬状态和软影响、可见的和隐含的,都在可感觉、可感知、可感应和可感受的状态中,找到人们各自精神的需要和心灵的抚慰。佛寺体现出一种鲜明的精神性和文化状态。即使是佛寺的名称、楹联和匾额,也都浓缩和凝结着佛教教育的初衷与人们离苦得乐的渴望,是佛寺这篇大文章的标题,揭示着其间所有建筑布局和实体安排的主旨与中心。

佛寺是一种思维、行为和劳动的记录与表达的方式。佛教寺庙有标题、有主题、有思想、有义理、有布局、有层次、有体系,是建筑、是结构、是秩序、是物态、是慰藉、是宝藏,也是一种居息于此的僧众们洒扫、撞钟、击鼓、早课、念经、礼佛、梵呗、写经、晚诵等一系列戒律生活的具体呈现,更是他们每一种有意义活动的独特思维方式、行为方式和价值方式。这种思维方式、行为方式、价值方式和生活方式,不同于世俗社会中的任何一个群体的状态与秩序,不同于其他族类、族群人们的思维方式、行为方式、价值方式和生活方式所具有的意义与责任,这也是文化,一种独特而梵香的佛教寺庙和佛教教育的文化与文明。当然,总体上也就是佛教文明的辐射和分化。

每一座佛寺，或官方建造，或民间修建，都有一定的义理支撑和仪轨依据，也都有一定的营造制式和技艺方式，无论是规模宏大的佛寺建筑群落和独特幽曲的佛寺园林，还是几座殿堂的有机集成，都是一种时间或长或短、规模或大或小、投入或多或少、占地或广或狭、程度或广华或简朴、影响或广泛或有限的实体性、实用性和综合性的建筑演示，是一种宗教性和创造性的劳动。其中，它体现出人类信仰的力量，表现出构思和营造的精巧智慧，也充分流露出人类伟大的创造天性和创造能力。

佛寺是建筑、园林、塑像、壁画、碑刻、藏经、文献等多种佛教元素的综合集成，也是僧众们晨钟暮鼓、礼佛记诵、吃斋念佛、清除洒扫等多种行为的呈现彰显。佛寺的综合性、复杂性，构成了一个艺术系统和文化体系。每一种综合集成、系统集成和体系规模、建筑规模，都是一个个宗教、历史、艺术和一方水土、一方人群、一方文化的超级"芯片"，记录储存和传递着佛教作为一种独特的文化和文明，与人心同住，与时代同行。

北魏佛寺，风雨千年；遗存消逝，见证历史。

不可再生，保护第一；文化自信，走向未来。